騎馬民族征服王朝は在った

―仁徳天皇は朝鮮半島から来入した―

松島 吉春
Matsushima Yoshiharu

目次

2章　騎馬民族征服王朝説を検証する

5章　「任那」問題を解明すれば騎馬民族説が浮上

6章 結論 騎馬民族征服王朝は在った

はじめに

謎の四世紀と、騎馬民族征服王朝説

1節 謎の四世紀（空白の四世紀）

（イ）二九一年で中国での記録が絶える

魏志倭人伝は、正始八年（二四七年）の卑弥呼の帯方郡への使者派遣と、それに応じて郡が「張政」等を倭へ派遣した記事で終わっている。卑弥呼の死亡とその後内乱があり、卑弥呼の「宋女」である一三歳の壱与（台与）が即位して国中が定まった事や、壱与（台与）が帯方郡からの使者「張政」等が還るのを送った事は書かれているが、その年は記載されていない。

しかし「晋書」の「四夷列伝」によると、倭人は「文帝が相になるに及んで、またしばしば至った」とあるから、文帝の時代（二五五年から二六五年）の間に、女王壱与（台与）の使者が何度も洛陽を訪れた事がわかる。そして翌二六六年に倭の使いが、晋の都洛陽で朝貢した様子が記載されている。

ところが、それから一五〇年近くあとの四一三年に倭王の使いが南京の東晋の朝廷を訪問するまで、倭人の記録は中国の史書から一切姿を消す。そのためこの期間は「謎の四世紀」（空白の四世紀）と呼ばれている。

「晋書」には、二六六年以降の倭人の記録はないが、二七六年から二九一年までの東夷諸国の数多くの訪問が「晋書」の『帝記』の記事にある。そのうちの幾つかは倭人の訪問であっただろう。そして、壱与（台与）が即位した年を「倭人伝」の記述が終わる二四七年だとすると、二九一年には壱与（台与）は五七歳になり生存していたと思われる。このことから、邪馬台国については、壱与（台与）から政権交代があったという倭人の記事もないので、少なくとも、二九一年までは邪馬台国は存在していたと想定される。但し、かなり時代が下った書物の「梁書」に壱与（台与）の後に男王が立ち、晋王朝を訪問したという記事があるが、肝心の「晋書」の二六六年の記事は詳しいにもかかわらずそのことは書かれておらず、この「梁書」の記事は怪しいと思われる。

ところが、二九一年を最後に東夷諸国の記事がぷっつりと絶える。おそらく、この年にあった賈皇后のクーデターの影響であろう。東夷諸国からの訪問はその後もあったかもしれないが、クーデターによる混乱で失われた可能性がある。しかし、三〇〇年の八王の乱に続く、三一一年の匈奴による洛陽の占領と晋の皇帝の逮捕連行、三一三年の楽浪郡と帯方郡の滅亡は、倭など東夷諸国に大きな変化を及ぼしただろうが、中国は五胡十六国（三〇四年〜四三九年）という動乱の時代であり記録がない。

（ロ）大和朝廷（王権）の成立過程が不明

この記録のない時代に邪馬台国は消滅して、大和朝廷（王権）が登場している。わが国の歴史にとって非常に重要な建国の時期なのにそれが謎に包まれているのだ。我々が学校の歴史で習ったのは、畿内大和にあった勢力が成長して大和朝廷（王権）になったという歴史であった。しかし本当にそうなのか、この説では説明が出来ないことがいくつかある。

その一つに「日本書紀」も「古事記」も建国神話として、九州に天孫降臨してそこから天皇が東征して大和へ入ったという「神武東征伝承」を記載している。畿内大和勢力が大和朝廷（王権）になったのなら、なぜこのような神話が建国神話なのか理解出来ない。天から降り立ったところが、大和ではなく九州になっている建国神話が不思議だ。

もう一つは、実在可能性が高いとされている、「応神」「仁徳」「履中」天皇はなぜ大和ではなく、河内を本拠地にしていたのか。纏向《まきむく》遺跡や、箸墓《はしはか》古墳など巨大な古墳を築いた大和勢力が成長して大和朝廷（王権）を作ったのならば、その本拠地は大和のはずなのに、河内にあるのは不思議だ。この三代天皇の古墳が、ピラミッドをも凌ぐような記念碑的な超巨大古墳であるだけに、それが大和ではなく河内にあるのはなぜなのか。

この不思議さに対しては、河内政権はそれまでの大和政権とは別系統で、後に大和政権と交代したとする説（いわゆる河内王権説）や、九州勢力東遷説などがある。

更に不思議なのは、四二一年に宋に朝貢して除正された倭王「讃」（履中天皇か仁徳天皇）以来、いわゆる「倭の五王」が自称する王号の特異さである。「讃」の次に記されている倭王「珍」は「使持節・都督・倭・百済・新羅・任那・秦韓・慕韓六国諸軍事・安東大将軍・倭国王」と自称し除正を求めたと記録されている。要するに朝鮮半島南部と倭の大将軍である倭国王だと自称している。この「倭と三韓を代表する倭王」という長い称号要求は「倭の五王」最後の倭王「武」（雄略天皇）の四七八年の訪問まで、約四〇年間も続いており、百済も新羅もれっきとした独立国であるにもかかわらず、大和朝廷（王権）はこの称号に執着を持っているのはなぜか。しかも「武」の祖先は「海北の九十五国」（朝鮮半島の九五ヶ国）を平定制圧したと、中国皇帝に主張しているのは何故か。

畿内大和勢力が社会進化して大和朝廷（王権）になったのならば、ありえそうもない主張であり、海を越えた遠くにある朝鮮半島南部に対する執拗なこだわりはなぜなのか不思議だ。

このような疑問に畿内大和勢力が大和朝廷（王権）になったとする説は答えていない。

（八）　加耶（任那）への大和朝廷（王権）の不可解な執着

そして、広開土王碑にも書かれており、この倭の五王の称号にも表れている「任那」が不可解だ。「任那」とは「魏志」『東夷伝』の三韓のうちの弁韓の地に当たり、加耶（加羅）の地域とされており、日本ではミマナと読んでいる。これは朝鮮における原音を漢字で表したものだという。鮎貝房之進氏は、任那は朝鮮語のnim（主君・王の意）yu（国の意）であるとし、白鳥庫吉氏も、任那はnimraで、君主を表すnimという語に、raという助詞が加わったものであるとされている。両氏の解釈から、任那とは「君主の国」という意味の美称・尊称と解される。

「日本書紀」で任那が最初に登場するのは、崇神天皇紀六五年の任那朝貢の記事が始まりである。次の垂仁天皇紀では、崇神天皇の名である御間城《ミマキ》天皇《すめらみこと》の名称から、国名を弥摩那《ミマナ》に改めさせたと記載している。

ところがその後の、神功皇后四九年三月紀の新羅再征討の記事では、新羅征討の後に、垂仁紀では弥摩《ミマ》那《ナ》と書かれていた南《ありしひの》加羅《から》など、七ケ国を平定したと書いてある。実は神功皇后紀には任那という文字はなく、「日本書紀」ではこの平定した七カ国の地域を、その後任那と総称し、時代が下るに連れてその地域が広がっている。

神功皇后紀では征討した国、崇神紀では朝貢を申し出た国をなぜ「日本書紀」では、好んで任那＝「君主の国」と言う尊称で書くのだろうか。

欽明紀以降の、「任那復興」の記事になると、その執着が不可解だ。

任那は不明なことが多いが、実は「日本書紀」では任那滅亡後にも度々任那が登場する。欽明天皇紀二三年（五六二年）で任那の官家《みやけ》滅亡と記載し、ある本に曰くとして、加羅・安羅など任那総体一〇カ国が滅亡したとしている。僅かに残っていた加耶諸国が、新羅により全滅したのだ。

欽明天皇は遺言に任那復興を残して死に、あとに続く敏達天皇・崇峻天皇はそれぞれ任那復興を計画したと「日本書紀」は書いている。そのうち崇峻天皇は、二万の軍を任那復興のため派遣したが、筑紫で渡海準備中に崇峻天皇が暗殺される大事件が起きて、中止されている。

それに続く推古天皇紀では、実に八回も任那が書かれている。最初の推古天皇八年条（六〇〇年）には新羅と百済が戦い、倭は百済支援と任那復興の為に、一万の軍を派遣し新羅は降伏し、南加羅《ありしひのから》など六城を奪ったが、すぐに新羅により取り戻されている。

続く推古一〇年条（六〇二年）には聖徳太子の弟を総大将として二万五〇〇〇の大軍を派遣するが、渡海準備中の筑紫で総大将が病死する。次の総大将にも聖徳太子の弟が任命され筑紫へ向かうが、途中同伴していた妻が亡くなり皇族将軍は喪に服し、相次ぐ不幸のためか作戦は中止されている。その後推古三一年条（六二三年）にも任那復興派遣軍の記事がある。

これほどの執着心を抱かせる任那とは一体何だったのだろうか。

要するに、我々が学校で習った、畿内大和勢力が社会進化して大和朝廷（王権）になったという説では、謎の四世紀の「空白」を合理的に埋めきれず、大和朝廷（王権）成立を十分に説明出来ないので、河内王権説などの違う説も検討しなければならない。

2節 戦後になり、騎馬民族征服王朝説が登場

(イ) センセーショナルだった、騎馬民族征服王朝説

この謎の世紀での大和朝廷（王権）成立過程の歴史を知るためには、いくつかの仮説を立てて、一つずつ検証する方法論が有効だと思う。その仮説の一つに「騎馬民族征服王朝説」がある。

江上波夫氏が騎馬民族征服王朝説を最初に提起したのは、一九四八年五月の石田栄一郎氏ら三氏との座談会であった。それ以来江上氏はこの説を拡充・発展させ、一九六七年に中央公論社から「騎馬民族国家―日本古代史へのアプローチ」を発行し、一九九一年にその改版を発行した。

この説は、中国東北地方の騎馬民族である夫余族が、朝鮮半島南端の弁韓の地まで南下し、当時は朝鮮半島の南端にも住んでいた倭人と協力して、北九州の倭人国を占領し征服王朝を拓き、この王朝が東遷して大和朝廷（王権）になったという説である。

この学説は、大和朝廷（王権）、すなわち、天皇家のルーツを、弥生時代末から古墳時代前期の二大勢力である、畿内大和でも北九州でもない朝鮮半島に求める説なので、衝撃的でトンデモナイと思った人も多かったと言われている。だが、騎馬民族征服王朝説は当時の歴史学界に大きな影響を与え、私が高校生

の頃には、教科書にも掲載されている程に有力な学説の一つだった。ところが、時代が下った今日では、ほとんど顧みられることの無い、過去の学説になっている様に思える。

しかし、海を渡った征服王朝は歴史上幾つかあり、別に特別なことではない。例えば、イギリスのノルマン王朝がそうである。スカンジナビア地方から、フランスのノルマン地方に定住したノルマン人は、さらに海をわたって、イングランドを征服してノルマン王朝を拓いた。このように海をわたって征服王朝を築くことは、アラブのイベリア半島征服など歴史には珍しくないことだ。

イギリス人はノルマン王朝をノルマンコンクエスト・征服王朝と呼んでいる。

それに比べると日本人は、自らの王朝の祖先はよそから来て倭人を征服した征服王朝だった、と考えるのには抵抗があるようだ。これは戦前まで現人神とされていた天皇制の影響が大きいのだろう。現人神が戦後もまだ蔑視観があった戦前までの植民地国・朝鮮から来た、つまり天皇の祖先は朝鮮人だった、というのには耐えられない日本人がいたようだ。いや、未だにいると思われる。

しかし、大和朝廷（王権）成立の仮説の一つとして、十分に検討しなければならない。

（ロ）「空白の世紀」での歴史復元方法

検討するにあたっては、江上氏が著書「騎馬民族国家」『まえがき』で述べている三段階の歴史復元方法を参考にする。

第一段階は史料の部分的復元である。断片として残っている史料を出来るだけ多く探し出して、正しくつないで、より大きな断片にする作業だ。

第二段階は史料を他の史料と比較をして、全体像における位置を設定して、全体像の架設作業を行うことである。

第三は、総合的研究である。同じ問題を他の面から別な史料で、いくつか仮説的復元作業をくり返してみて、その結果がみな矛盾なく、一つの統一体に総合されて、はじめて真の歴史の復元になる。この検証作業である。

江上氏はこの方法で自らの説を作ってきたことを踏まえてこの説を検討する。

謎の四世紀での大和朝廷（王権）成立過程を知るために、いくつもの仮説を検証する事は私には出来ないので、騎馬民族征服王朝説で大和朝廷（王権）の成立が矛盾なく説明出来ているのか検討することにした。

総合的に検討するためには、少なくとも「倭の五王」の最後の「武」（雄略天皇）の時代まで、騎馬民族征服王朝説で矛盾なく歴史を説明出来るかの検討が必要だ。また、古代朝鮮史と矛盾なく騎馬民族征服王朝説が成り立つのかの検討も必要だ。

このように検討していった結論は、騎馬民族征服王朝は在ったという事だった。

私は江上氏の「騎馬民族国家」（中公文庫）の改版と、それ以前の古い版を比較検討した結果、本文が訂正されている箇所が有る事と、改版「あとがき」で、本文中の「倭韓連合国」を「韓倭連合国」に改めたことなどから、騎馬民族は四世紀前半に筑紫へ侵入しても、都は加耶（任那）に据え置いたままだと自説を修正したと結論づけた。更に江上氏は四世紀末から五世紀初頭としている、第二段階の進出、つまり韓倭連合国の河内遷都の時期から、四世紀末を省くべきだという結論を得た。

すると韓国金海市の大成洞古墳群の発掘結果から、金官加耶（加羅）国王が自国民のみならず周辺の民を巻き込んで、五世紀初～前葉に日本列島に移動した、とする申敬澈《シンギョンチョル》氏が二〇〇〇年に発表した結論と符合していたのである。この提言は大成洞古墳群の発掘調査報告書である「金海大成洞古墳群Ⅰ」（慶星大学校博物館）に掲載されている。

つまり、韓国の遺跡から判明してきた、騎馬民族である加耶（任那）王（金官加耶国は前期加耶連盟の盟主であり加耶王としても良い）が、周辺の民を巻き込み日本列島へ移動する時期と、江上氏が騎馬民族である韓倭連合国の王が大伴・中臣・久米などの豪族を伴って、加耶（任那）から河内へ移動したとする時期が一致するのである。

更には、六世紀に見られる氏姓制度の二元性は、騎馬民族が畿内へ進出した事の痕跡と思われる事も判明してきた。これは二〇〇〇年に発表された溝口睦子氏の「王権神話の二元構造説」から導かれる結論である。この説は江上氏が連・伴造グループは騎馬民族などの外来してきた豪族が主だったとし、臣・国造グループは在来の土着豪族だったと推測していた事を傍証したといえる。

同じく二〇〇〇年に発表された申敬澈《シンギョンチョル》氏の提言と共に、近年の日韓両国に於ける研究成果は本人達が意図していなくとも、騎馬民族征服王朝説を有力に裏付けるものとなっている。

1章

騎馬民族征服王朝説の概要

以下は、江上氏の著書「騎馬民族国家」（中公文庫）の『2部　日本における征服王朝』所収の『日本国家の起源と征服王朝』の章から要点を抜粋したもので、一節、二節、三節等の見出しは私が付けたもので、四節は同書「改版」（一九九一年発行）の「あとがき」の抜粋です。

1節　考古学からのアプローチ

（イ）古墳時代の時期区分と、副葬された武具・馬具類から

古墳時代の時期区分としては、前期・中期・後期とする三時期区分法をとらずに、前期を三世紀末ないし四世紀後半の中頃までとして、後期をそれから以降、七世紀後半までの二期に区分する。理由は三時期法の中期・後期の文化は本質的に同似しており一連のものとして把握出来るが、前期は中期・後期とは性格的に異なり、むしろ弥生式文化と密接な関連性を示している事実である。

副葬品も、はじめは武器や馬具、さまざまな日常用具をホウ製した、いわゆる石製模造品が納められたが、のちになると、さらに食器や服飾品のほか、男女・装馬・鳥獣・家屋・武器・衣蓋・舟などの形をした、じつにさまざまな形象埴輪が加えられて、大陸の古墳における副葬品や明器《めいき》とおなじような意義をも

った葬礼がおこなわれることになった。

しかも、そこに副葬された武器―馬具・服飾品の大部分は形象埴輪によってみられるところもまったく同様であるが、魏晋南北朝時代、すなわち三世紀頃から五世紀頃にかけて、満蒙・北シナ方面に大活躍した東北アジアの騎馬民族、いわゆる胡族のそれと、ほとんどまったく同類であることが留意されねばならない。

この胡族の文化は、北アジアの騎馬民族の文化と中国の漢族の文化が、北シナ・満州方面における両民族の接触・混住の結果、一体化して出来あがったもので、中国化した騎馬民族文化ともいうべきものである。しかしその特質は、もちろん騎馬民族的なところにあり、騎射のための馬具や、弓矢の発達・重用、騎馬に便利な服装や甲冑の普及がとくに注意をひき、一般に平和的な、宗教的な、素朴なものより、軍事的な、実用的な、華麗なものがおこなわれた。

たとえば、男の服装には、筒袖の上着と、太型の袋のようなズボンの騎馬服が普及し、これには銙具（バックル）や帯鉤のついた革帯をしめ、それに飾り金具の類を着装した。またしばしば金銅の宝冠をいただいた。鎧は短甲で、胸・胴部のみを覆うものがあらわれ、また小札を綴じあわせて作った札甲が普及した。刀はその柄頭に鳳凰・竜頭の環頭を飾ったものが多く、弓矢には骨製の鳴鏑《かぶらや》を付した、いわゆる鳴箭《めいせん》がおこなわれた。

馬具では馬勒や鞍に華美なものが流行し、鐙《あぶみ》・馬ガイもおこなわれた。このような中国化した騎馬民族文化というべきものが三～五世紀頃に、一方では南遷した鮮卑・匈奴らによって北シナに盛行し、一方では高句麗・夫余らによって朝鮮に伝播したことは、遺物と文献とを参照することによって容易に推測される。

（著者注）今日では韓国の遺跡発掘調査により、朝鮮三国時代の新羅や加耶の古墳から、この騎馬文化の遺物が発掘されて、江上氏の推測は実証されている。またこの文化は、シルクロードの北に位置する、当時の騎馬民族が用いていた「草原の道」を経由してのペルシャ文化の影響もあるという。

そうしてそれらとほとんど同じ文物が、日本の後期古墳文化を特徴づけており、武器や馬具などが後期の古墳から豊富に出土するということは、当時騎馬の武人が、日本で縦横に活躍したことの実証である。

このように、弥生式文化ないし前期古墳文化と後期古墳文化とでは、その性格に本質的な相違があり、その間の推移は、むしろ急進的・突発的で、そこに一貫性・連続性を欠いているように感じられる。しかも前述のように、魏晋南北朝時代の中国、三国時代の朝鮮の場合は、そういう北アジア系の騎馬民族文化を持ち込んで来て、前代の文化を激変させたのは誰であったのか、その王侯文化の主体が誰であったか、歴史に照らしてほぼ明瞭にわかるのであるが、日本の場合には、それがはっきりしない。

珪甲着装の武人埴輪（群馬県出土）
東京国立博物館蔵

北魏の武人俑
早稲田大学會津八一記念博物館蔵

（ロ）統一国家・大和朝廷（王権）の樹立

＊ 東北アジア系文化の輸入説について

また一方では、当時畿内を中心とした日本国家の建設事業がほぼ一段落し、その余力をかって朝鮮半島に進出することになり、その結果、朝鮮にまで及んできていた東北アジア系文化の大規模な日本輸入をうながしたという解釈もされているが、私には、そのような説も、ただちに承服しがたいのである。

というのは、大和《ヤマト》朝廷の日本と南部朝鮮とが何らかの特別の関係にないかぎり、当時の大和朝廷が、南部朝鮮の征服活動に乗り出す必然性が十分にあるとは思えないからである。また一般に、農耕民族が海外に征服活動を行う例は、きわめてまれであるばかりでなく、前期古墳文化の内容からみても、そのにない手が征服活動をなすための武力的要素に欠けており、そのような前期古墳文化人が、すでに東北アジア系の騎馬民族文化をもって、より高度に武装されていた朝鮮に進出して、征服活動に成功し、その騎馬民族文化をもたらして帰るというようなことは、あきらかに、歴史の通則に反するからである。

一方、私には、（1）前期古墳文化と後期古墳文化とが、たがいに根本的に異質的なこと、（2）その変化がかなり急激で、そのあいだに自然な推移を認めがたいこと、（3）一般的にみて農耕民族は、自己の伝統的文化に固執する性向が強く、急激に、他国あるいは他民族の異質的な文化を受けいれて自己の伝統的な文化の性格を変革させるような傾向はきわめて少なく、農耕民である倭人のばあいでも同様であったと思われること。

（4）わが国の、後期古墳文化における大陸北方系騎馬民族文化複合体は、大陸及び半島におけるそれと、まったく共通し、その複合体の、あるものが部分的に、あるいは選択的に日本に受けいれられたとは認められないこと。いいかえれば、大陸北方系騎馬民族文化複合体が、一体として、そっくりそのまま、何人かによって、日本にもちこまれたものであろうと解されること。

（5）弥生式文化ないし前期古墳文化の時代に、馬牛の少なかった日本が、後期古墳文化の時代になって、急に多数の馬匹を飼養するようになったが、これは馬だけが大陸から渡来して、人はこなかったとは解しがたく、どうしても騎馬を常習とした民族が馬を伴って、かなり多数の人間が、大陸から日本に渡来したと考えなければ不自然なこと。

これらの理由によって、私は前期古墳文化人なる倭人が、自主的な立場で、騎馬民族的大陸北方系文化を受けいれて、その農耕民的文化を変質させたのではなく、大陸から朝鮮半島を経由し、直接日本に侵入し、倭人を征服・支配したある有力な騎馬民族があり、その征服民族が、以上のような大陸北方系文化複合体をみずから帯同してきて、日本に普及させたと解釈するほうが、より自然であろうと考えるのである。

＊　統一国家の成立と応神・仁徳陵

要するに、古墳およびその出土品を中心として考察すると、そこに東北アジア系騎馬民族が、朝鮮半島経由で日本に侵入し、騎馬民族文化をもって、その征服事業に従事したことの反映が認められる。しかもそれが、日本における統一国家の成立とも直接結びつくものであることは、時期的な一致ばかりでなく、後期古墳の早い頃を代表するものが、応神・仁徳陵であることからもあきらかであろう。

しかし、応神・仁徳陵はその規模において、ピラミッドをもしのぐ記念碑的な大建造物であり、そこには、当時すでに絶大な権力を誇った大和朝廷の厳然たる存在と、日本における統一国家の基礎の確立が明示されていて、創業の時期はそれよりかなり前に経過してしまっていることも示唆されているのである。

そうすると、創業の時期はおのずから古墳時代前期にさかのぼらなければならないという理屈になるが、それでは古墳時代前期に、騎馬民族の日本列島侵入の事実を反映するような、考古学的事象が認められるであろうか。これを積極的に実証するようなものはまだ見いだされていないようである。しかしそれは、ミッシング・リンク（系列上欠けている要素）にちがいなく、将来かならず見いだされると、私は考えている。

（著者注）江上氏は、一九九一年発行の「騎馬民族国家」の改版のあとがきで、このミッシング・リンクについて「すこぶる完全なかたちで発見」されたと書いている。これについては四節で紹介する。

要するに、古墳を中心とした考古学的なアプローチからは、日本国家形成の主役をつとめた者について、またその行動について、現在のところ、以上のような推論の域をでないが、東北アジア系の騎馬民族が、新鋭の武器と馬匹とをもって朝鮮半島を経由し、おそらく北九州か本州西端部に侵入してきて、四世紀末頃には畿内に進出し、そこに強大な勢力をもった大和朝廷を樹立して、日本統一国家の建設をいちおう成就したことは、現在においても、ほぼ暗示されているのである。そうして、大和朝廷の樹立は、応神・仁徳両陵に代表される、古墳時代後期の開幕に相応するものであろう。したがって、それ以前は、騎馬民族の西日本侵入のときまでさかのぼって、日本建国の創業の時期と認めるべきであろう。

（著者注）第四章の執筆にあたって、溝口睦子氏が二〇〇九年に発行した「アマテラスの誕生」（岩波新書）を引用したが、今日の考古学・歴史学の動向として参考のためにここでも引用する。

『五世紀初頭の頃の国内情勢を、私たちは記録によって知ることはできない。そこで七、八世紀になって書かれた文献に記述や、考古学上の遺跡・遺物などをとおして、総合的に推測し判断するわけであるが、そのようにそれぞれ専門の異なる研究者によってさまざまな方法で行われた研究の結果、大まかにいえば四世紀から五世紀初頭にかけての頃、大きな変動が日本の社会に起こっていることが、ほぼ一致して指摘されている。

考古学の白石太一郎氏は古墳文化について、「四世紀代までと五世紀以降ではきわめて大きな違いがみられる」ことを、以前からさまざまな機会に指摘している。その違いとは、ひと言でいえば、「倭の独自性のつよい文化」から、「朝鮮半島の影響のつよい文化」への劇的な変化である。事柄は古墳の埋葬施設や副葬品、生活用具など広範囲にわたっているので、ここで詳しく紹介する余裕はないが、とりわけ目を惹くのは、「それまでまったくみられなかった馬具が副葬されるようになり」、武器・武具も「騎馬戦向きのものに大きく変化した」（「倭国の形成と展開」）といわれるような、副葬品にみられる変化である。

さらにそれらにもまして注目される考古学上の事象に、王墓とみられる巨大古墳の設営地が、この間に奈良盆地から大阪平野へと移動したことがある。応神陵・仁徳陵とされる五世紀最大級の巨大古墳は、それまで王墓級の前方後円墳が長く営まれてきた奈良盆地を離れて、はじめて大阪平野につくられた。この王墓の移動については、多くの研究者がさまざまな意見を述べているが、まだ解釈に諸説あって、定説が形成されるには至っていない。しかしどの説をとるとしても、ともかくこの時期に、倭政権内部に何らかの大きな変動が起きていたとみる点では変りなく、これを、倭政権の盟主権の移動を示すとみる見解も有力である。』

2節 「記・紀」の神話・伝承からのアプローチ

(イ) 天孫降臨神話と神武東征伝承

＊ 「記・紀」の神話・伝承

従来、「記・紀」の神話や伝承を、史実の復原に役だてようとする試みは、多くの学者によっていろいろな方法でなされた。一方、古代人の神話・伝承を、まったく架空な観念的なものとみて、その非歴史性を強調するふうも、一時はなかなかさかんであった。しかし今日では、一般に古代人の神話・伝承というものが、その核心に史実をもっている場合が多いということが、考古学や民族学の調査の結果、実証されてきて、日本の「記・紀」の場合も例外ではあるまい、いや、むしろ、その所伝はそうとうに歴史性に富んだものであろうという考えが、優勢になってきているようにみえる。

私(江上氏)も、そのような立場に立つもので、十分批判を加えながらも、出来るかぎり、「記・紀」の神話・伝承に即して、日本国家成立の問題、いいかえれば、大和朝廷樹立の問題を考えてみたい。

まず、神話では、天神《アマツカミ》と国神《クニツカミ》の二大別があって、天神が日本の国土に降来して、そこに原住した国神を、征服あるいは支配したことになっているのは、周知のとおりである。

ニニギノミコトが、筑紫の日向の高千穂の峯に天降ったことを述べた古事記の一節に、「是《ここ》に詔《の》りたまひらく『此の地は韓国《カラクニ》に向ひ笠沙之御前《カサノミサキ》に真来《マキ》通りて、朝日の直刺す国、夕日の日照なり、故に比地ぞ甚吉《いとよ》き地《ところ》』と詔りたまひて、」とあって、ここでも、韓国すなわち南鮮のことが、とくに言及されていて、そこを天神の故郷と解すれば、文意がおのずからつうじるように感じられる。

＊　天孫降臨の場所・日向とは

この「記・紀」伝説と「駕洛国記《カラコクキ》」に伝える六加耶国の建国伝説が、内容の重要な点でことごとく一致するものであることは三品彰英氏が詳細に論証されたところである。とくに、(1)国土を支配せよという天神の命令(神勅)をうけて天降ること、(2)「真床覆衾《マコトオウフスマ》」(「記・紀」)・紅幅(「駕洛国記」)など、要するに布帛につつまれて落下すること、(3)久士布流(「記・紀」)・亀フル(「駕洛国記」)など、ほぼ同一地名に落下したことなど、両者の一致はとうてい偶然の一致とは信じられない。

そこで次に問題になるのは、天孫降臨の地は日向の高千穂の峯と伝えられているが、それは一般に日向国のこととされ、それでは南鮮から外来民族が渡来した場所として、地理的にぐあいが悪いではないかということである。しかし私は、この通説をはなはだ怪しいものと考えるのである。天孫降臨の場所と伝える日向の高千穂の峯については、「古事記」では「筑紫の日向の高千穂の槵触・久士布流多気《クシフルタケ》」とあって、それが筑紫すなわち北九州にあったことが知られるが、「日本書紀」では、「筑紫の日向の高千穂の槵触《クシフル》峯《ミネ》」とあるばあいと、「日向の襲の高千穂の峯」とあるばあいと二通りあり、前者は、「古事記」の所伝とおなじく筑紫説、後者は襲の国すなわち日向説を示唆している。

日向国の西都原などに大古墳群があるところから、これと天孫降臨伝説とが結びつけられ、早く日向＝日向の通説になったのであろう日向とは「南向き、東向きの」という意味の形容詞で、地名ではないように解され、一方、「記・紀」いずれにも筑紫説が伝えられていることは無視出来ない。しかもこの説には、有力な傍証と見られるものがほかにも二、三ある。

（省略）要するに、夫余・高句麗伝説の河が、神武伝説では海になっているだけで、大筋においては全く等しい。これは大陸起源の伝説が、海国である日本に伝えられ、その新環境に応じて一変型をなしたと認めるべきであろう。

それではなぜこのような、夫余・高句麗系の建国伝説が、神武の東征伝説に化成したかといえば、天神なる外来民族—とくにその天孫系（天皇系）—に、夫余・高句麗系の建国伝説が伝承されていて、一方、彼らが筑紫から瀬戸内を通って畿内に進出し、日本の建国を成就したという史実があって、この史実に、より古い建国伝説があてはめられたものと解されよう。

もしそうだとすれば、天神なる外来民族—とくにその天孫系（天皇系）—は、さきにみたように、直接には南鮮の任那地方から移ってきたにしても、夫余・高句麗系の伝承をもっており、その本来の出自が、東満・北鮮方面にあったのかもしれないという推測にみちびくのである。

（ロ）北九州での建国と河内への東遷

＊ 肇国《ちょうこく》の天皇はだれか

前述したように、「記・紀」では南鮮（伽羅・任那）から北九州（筑紫）への天孫降臨のときにはニニギノミコト、北九州（筑紫）から畿内への東征のときには、カンヤマトイワレビコノミコト（神武天皇）が主役であったと伝えられているが、はたしてそうであったろうか。

第一に、神武天皇は、ハツクニシラススメラミコト、すなわち最初にクニを統治した天皇といわれているが、おなじようにハツクニシラススメラミコトといわれた天皇が、もう一人いたことに注意されねばならない。

それは崇神天皇で、「書紀」には御肇国天皇《ハツクニシラススメラミコト》、「古事記」には所知初国之御真木天皇《ハツクニシラスミマキノスメラミコト》、「常陸風土記」には初国所知美麻貴天皇と書かれ、御真木、美麻貴とは、御間城で崇神天皇の宮号である。

それで、文字どおり日本国を創めた天皇という意味の称号は、崇神天皇に与えられていたことを知るのであるが、一方、神武天皇の場合のハツクニシラススメラミコトは、「記・紀」のうち「書紀」にのみみえ、しかも始馭天下天皇と書かれていて、たんにはじめの天皇の意で、日本国の創始者という具体的な意味は与えられていない。それで、このハツクニシラススメラミコトという称号からだけみても、真の肇国の天皇は神武ではなく、崇神と認むるべきもののようであるが、そのことはすでに多くの学者によって他方面からも説かれている。

それでは、日本国を創建したという崇神天皇は、天神（外来民族）が、南鮮から北九州に移動したとき（第一回の日本建国）の立役者なのか、それとも北九州から畿内に進出したとき（第二回の日本建国）の立役者なのか、いずれであろうか。これはなかなか困難な問題のようであるが、崇神天皇の呼名である御間城入彦、御間城天皇にその解決の鍵が秘められているようにもみえる。

御間城天皇とは、「ミマの宮城に居住した天皇」という意味に相違なく、多くの天皇の例からも知られるように、古くは天皇の呼名は、その居住された宮城のある地名によってあらわす宮号の慣習があったのである。

したがって崇神天皇の呼び名が御間城入彦であるということから、逆に、崇神がミマという地方にあった宮城に居住していたことが推定される。そうすると任那《ミマナ》のミマが崇神天皇の呼び名、御間城入彦のミマから出ているという「書紀」の所伝が無視出来ないことになる。しかしたぶんそれは逆で、崇神天皇のミマこそ任那から出ているとみるべきであろう。

（中略）

要するに、白鳥庫吉氏らの説は、任那すなわちミマナの語幹はミマで、そのミマはnim（主君・王の意）の転訛であるというのである。そうすると、崇神天皇の居城のあったところのミマが、南鮮のミマナであったという解釈も可能であろう。

＊　北九州から畿内への進出

それでは、北九州から畿内に進出したときの、第二回の日本建国の主役は誰であったろうか。それはたぶん応神天皇であろう。応神が筑紫の出身であることは「記・紀」の伝えるところであり、一方、その大陵墓は畿内の河内にあり、その比定はまず動かない。それで応神こそ北九州から畿内に進出し、そこに大和朝廷を創始した大立物であったろうという水野祐・井上光貞氏らの推定はすこぶる理由があるように思われる。

それは古墳時代後期の開始とも年代的に相応じるのである。またそう考えると、第一回の日本建国の主役が崇神であり、第二回のそれが応神で、ともにその諡号《しごう》に「神」の文字をもっていることも偶然ではないと感じられる。崇神・応神以外に神のついた諡号を与えられている天皇は、架空の征服者神武・神功だけである。

第二次の建国、いわゆる神武東征のときには、大伴連らの遠祖ヒノオミノミコト（日臣命）あるいはミチノオミノミコト（道臣命）と、久米直の遠祖オオクメノミコト（大久米命）の二人がとくに神武の武将としてあげられていて、第一次・第二次を通じ、大伴連と久米直遠祖が、天孫の軍事上の協力者として最も有力なものであったという伝承があることが注目される。

もし天皇氏に有力な軍事協力者がなかったならば、日本各地に蟠踞していた土着の豪族―その多くは後世、臣姓や直姓の氏となったと思われる―をとうてい征圧することは出来なかったであろうから、天皇氏の日本征服にあたって、兵力や職能をもってこれに協力し、南鮮から北九州へ、北九州から畿内へと天皇氏に随従したものもあったに相違ない。そうして、そのようなもののうちに、この二武神・五部神の扈従伝承で暗示されているように、後世、連姓・造姓の氏となったものが少なくなかったであろう。

一方、天孫降臨のさいの五部（五伴緒）は、それぞれ異なった専門の職能をもって、天孫に直属し、奉仕した部であったということが、その部名からもうかがわれるのである。かつて岡正雄氏は、この五伴緒に関連して、当時の日本の支配者の社会構造が、種族ないし氏族を横に五つに区画する五組織をもった種族連合体であったことを想定し、五伴緒は五氏族とも考えられ、物部氏が五つの造《みやつこ》、二五の天物部《あまつもののべ》を引具していたというのもその例であり、さらに朝鮮の古代国家でも、少なくとも、その支配階級にはなんらかの意味で、五つの組織があったと述べて、高句麗や百済の五部の例を引証し、このような社会組織は、おそらく牧民社会に起源的関連を有するものであろうと説かれたのは、傾聴に値する見解である。

これを要するに、「記・紀」の神話・伝承を中心として考察した結果は、天神なる外来民族による国神なる原住民族の征服─日本国家の実現が、だいたい二段の過程で行われ、第一段は南鮮の任那（伽羅）方面から北九州（筑紫）への侵入、第二段は北九州から畿内への進出で、前者は崇神天皇を代表者とした天孫族と、たぶん大伴・中臣らの天神系諸氏の連合により、四世紀前半に行われ、後者は応神天皇を中心とした、やはり大伴・久米らの天神系諸氏連合により、四世紀末から五世紀初めのあいだに実行されたように解されるのである。

（著者注）第二段の進出については、改版「あとがき」から加耶（任那）から畿内への進出と考えを改めたと思える。これについては2章3節で述べる。

3節 古代東北アジア史からのアプローチ

(イ) 三韓時代にいた「辰王」について

* 倭韓連合王国を示唆する、倭の五王が自称する称号

まず雄略天皇以前の数代の天皇なる、いわゆる倭の五王が中国の南朝に使をつかわして、あるいはみずから「使持節都督、倭・百済・新羅・任那・秦韓・慕韓六国諸軍事、安東大将軍、倭国王」と称し、あるいは「使持節都督、倭・百済・新羅・任那・加羅・秦韓・慕韓七国諸軍事、安東将軍、倭国王」と号したことは、きわめて重要な問題を提起するのである。

「宋書」倭国伝などに明記されてあるこの著名な史実は、倭国が、名はたんに倭国であるが、じっさいは六国ないし七国からなる倭韓連合王国であった、という重大な事実を示唆するばかりでなく、重要な種々の問題を含んでいる。

まず第一に、すこぶる異様なのは、倭国の構成分子をなす上掲の六国ないし七国のうち、秦韓《シンカン》すなわち辰韓《シンカン》、慕韓《ボカン》すなわち馬韓《バカン》など、それぞれ新羅・百済の建国前にあった三韓の二国があげられていることで、

この両者は、倭国が中国に遣使した五世紀には、もはやまったく存在しなかった国々である。しかも一方、現存する新羅・百済をその構成分子に、すでに加えているのであるからなぜ今は亡い国まで加重する必要があったのか怪しまれる。

それで単純に、倭王がその広大な支配権を誇るために、いまはない過去の国々まで列挙したにすぎないという解釈もでたわけであるが、しかし問題はそうかんたんではない。というのは、倭王が中国に上表して、右の称号の叙正を求めたばあい、終始、秦韓・慕韓は欠かさなかったのであるが、弁韓はどういうわけか一度も倭国の構成分子に加えなかったのである。もし倭王が、いたずらに誇大な称号を欲したのであれば、とうぜん、弁韓をも含めてしかるべきなのに、そのことがたえてなかったのには、べつな解釈を必要とするであろう。

次に注目すべきは百済で、百済王は倭国より早く中国に朝貢していて、すでに宋から「使持節都督、百済諸軍事、鎮東大将軍、百済王」に除されていたので、宗主国たる宋としては、倭国のうちに百済を包含することをどうしても認めるわけにいかなかったので、これを削除して、そのかわりに倭国王の直轄地たる加羅を加えて、六国という数の上のつじつまをあわせることにしたのであるが、倭王は終始百済を倭国に加える態度を改めず、一方、宋もこれに対してはついに承認を与えなかったのである。

宗主国たる宋としては、それは当然な態度といわねばならないが、それならばなぜ、倭王はこのような現実を頭から無視して、宋に対して出来ない相談を再三強談したのであろうか。

以上、倭王の称号の問題に関して、二つの大きな疑問を投げたが、この両者は次のように解釈することによって、はじめていっきに氷解しうるのではあるまいか。

＊　倭王の南部朝鮮諸国に対する立場

それは、当時の倭王は、現実には朝鮮で任那（伽羅）一国だけを直轄領にしていたにすぎないが、かつて馬韓・弁韓・辰韓の三韓時代に、その支配権を三韓全体に及ぼしていたという事実、ないしそのような有力な伝承があって、したがって倭王は、現在でも南鮮のすべてを支配する歴史的根拠・潜在的権利を保有している、という立場をとっていたのではないか。

そうして、その立場を明確にするために、新羅も百済も、そのもとになった秦韓・慕韓に及ぶまで、過去から現在にいたる南部朝鮮の（ただし弁韓を除く）国々の名を列記して、南部朝鮮の支配権を過去にさかのぼって宋に追認させようとしたものではあるまいか。また百済について強硬に要求したのも、同様な理由からで、現在百済は独立国であっても、他の南鮮諸国と同様、本来倭国に属すべきものであるということを、宋に確認させようとしたのであろう。

こう解釈すると、秦韓・慕韓や、百済の問題が氷解するばかりでなく、弁韓をなぜ、倭国の一国としてあげなかったかという疑問も、容易に理解されるのである。すなわち任那は、倭王が現実に領有しているところであるから、そのもとの国の弁韓の支配権を宋に追認してもらう必要は、いまさらないからである。

しかしこのような解釈には、三韓時代、倭王の祖先が真に南鮮を支配した事実があったか、あるいはそのようなことを物語る有力な伝承があったか、どちらかでなければならないという前提があるわけで、そのような前提が、事実として証明されてはじめて、決定的なものとなるであろう。

それでは、三韓の時代、南鮮を広く支配したなんらかの王がいたであろうか。そうしてその王と、ここに問題になっている日本と南鮮との連合王国の王、いわゆる倭王と関係づけられるであろうか、それらの問題を次に考えてみたい。

三韓の時代、南鮮に辰王という王がいて、馬韓の月氏国に治し、辰韓一二国、弁韓で一二国、あわせて二四国のうち一二国（弁辰）を服属していたが、辰王は辰韓・弁韓の人ではなくてつねに馬韓の人がなり、王位は世襲であるが、辰王はみずから立って王となることは出来ないという意味の記述が、『魏志』の「東夷伝」にみえていて、その原注所引の『魏略』の文に「其の流移の人為ることを明にす、故に馬韓の為に制せらる」とある。

一方、それが『後漢書』の「東夷伝」には「馬韓は最も大、共にその種を立てて辰王と為す、月氏国に都し、尽く三韓之地に王たり」というふうに記されている。この辰王の問題については、すでに橋本増吉・末松保和・三上次男氏らの論考があり、なかなかの難問で、それら諸家の意見もかならずしも一致していないが、三世紀前半頃の南朝鮮の形勢をうかがううえに、辰王の問題はぜひ解明されねばならぬものであることにまちがいはない。

この問題に関する私の解釈を要約すると、辰王は外部から流移してきた人だったので、馬韓諸国の承認をえなければ、みずから立って王となることは出来なかったが、じっさいは王位を世襲していた。この辰王は、『後漢書』の「韓伝」が伝えるように、三韓の地をことごとく支配したのではなかったが、馬韓の月氏国に都して、当時南鮮の最有力な支配者であり、たぶん馬韓と辰韓・弁韓の半数の国々をあわせた地域—いわゆる弁辰の地—を支配した、征服王朝的性格の強い王であったというのである。

（ロ）辰王系の天孫族による倭国征服

＊　三世紀頃の南部朝鮮の社会状況

『魏志』の「韓伝」は、辰韓・弁韓方面に中国文化を持った外来人、いわゆる秦人がかなり流入していた事実を暗示している。しかもその秦人は本当の中国人ではなく、中国文化を受け入れた塞外民の謂《イイ》であった。

一方、馬韓にも楽浪方面からの流入外人が早くから少なくなかったことが、『魏志』の「馬韓伝」の記事から知られるが、前述の辰王もその一例にほかならなかったであろう。のちに馬韓を統一して百済を建てた百済王も、それが拓跋魏孝文帝に上表した文中に「臣は高句麗とともに、源夫余に出ず」と明記しているように、夫余系の外来人であったのである。

このように、南鮮に対する外部からの民族の流入・支配は三世紀にいたって辰王の支配の形でまず確立したことが、その前後の南部朝鮮の情勢からも容易に判断出来る。

しかし、このような辰王の南部朝鮮支配も、魏の半島南下政策と衝突して、三世紀後半には衰えたらしく、四世紀前半には、馬韓に百済の建国を見、四世紀後半には新羅が成立した。南鮮に統合の機運が起こった四世紀に、弁韓だけは、名は任那・加羅に変ったが、旧態依然たる小国の集合体であることをつづけたが、そのことは、弁韓＝任那では、辰王系の支配がなんらかの形で継続し、その統合がはばまれた結果であるかもしれない。

それはとにかく、三韓時代、南部朝鮮を広く支配したものは辰王以外になく、もし倭王が当時にさかのぼって南部朝鮮の支配権を主張したとすれば、辰王の権利の継承者を自任したものと考えざるを得ない。このことは、倭王の直接の出自が南部朝鮮にあったことを意味し、また彼が南部朝鮮から——多分弁韓（任那）から倭国に乗り出してきて、いわゆる倭王という倭韓連合王国の王になった事をも意味しよう。

＊ 筑紫での建国と河内への東遷

それでは、辰王の子孫ないし後継者と目される崇神らの天孫族が、なぜ任那方面から、またどこを根拠として、倭国征服の事業に乗りだしたのであろうか。彼らの倭国進攻にはたぶん三つの導因があったと推測される。

その一は、辰王の勢力が三世紀後半以後衰えて、その支配権が弁韓の領域内に限定されるようになった頃、馬韓・辰韓では、諸邑（いう）落統合の機運が動きはじめていて、辰王系の弁韓＝任那の支配者も何らかの局面打開、勢力挽回の道を見いだす必要に迫られていたこと。その二は彼らの支配下にあった弁韓＝任那の一部（狗邪・加羅）は、弥生式時代から倭人の領域で、そこが倭国の北端とさえいわれており、この方面の支配者となったものが、倭人の本拠たる日本島、直接には北九州に関心をそそられるのは、きわめて自然ななりゆきであること。その三は、狗邪国（加羅）の倭人が楽浪郡時代に、対中国関係、とくに海上貿易などで活躍していたのが、楽浪郡滅亡後、朝鮮内外の情勢が変化して逼塞《ひっそく》をよぎなくされ、彼らも局面の転換を欲していたこと。

以上の三つの導因が重なりあって、弁韓＝任那における辰王系支配者をして、そこの倭人の協力のもとに、倭国への侵寇を企図し、実現させたと解される。そのさい任那における倭人の基地加羅が、倭国侵寇の作戦基地となったことは想像にかたくなく、後世の歴史でわかるように、加羅が任那の中心であったのは、そのような事情にもとづくのであろう。

要するに、辰王系の任那の王が、加羅を作戦基地として、そこにおける倭人の協力のもとに筑紫に侵寇したのが、崇神の肇国《ちょうこく》事業であり、ニニギノミコトの天孫降臨で、第一回の日本建国にほかならないと考えられる。そしてそれは成功して、まず任那と筑紫からなる倭韓連合国の成立を見、その連合軍（著者注改版以前は連合国になっていた）の王倭王はまず筑紫に都することになった。それは四世紀初頭のことと思われるが、この新興国家は漸次隆盛におもむき、四世紀中頃には南部朝鮮で百済とならんで大きな勢力となり、四世紀末から五世紀初めにかけて、すなわち応神の時代には、南部朝鮮諸国の対高句麗作戦の主導者となったことは、高句麗好太王碑文から直接うかがえるところで、ときには倭軍は帯方の界まで朝鮮半島奥深く進出したのである。

そうして、このような大陸作戦の時期に、応神による畿内征服・大和朝廷樹立が行われ、第二回の日本建国とその首都の東遷をみたのは、半島における作戦や形勢と関連があったのにちがいない。たぶんこれは、国の奥行を深くして、背後を固め、半島作戦に万全を期すための用意であったろう。

しかしこのような第二回の日本建国——畿内を中心とした国家の建設は、おのずから三面作戦を必然のものとした。すなわち、東日本のいわゆる蝦夷（毛人）にたいし、西日本のまだ服属しない多くの原住民、いわゆる衆夷たる倭人に対し、さらに半島の敵国に対し、つねに軍事行動を起こさねばならなくさせた。

倭王武すなわち雄略天皇の宋への上表文に、「昔より、祖禰《そでい》躬《み》に甲冑を擐《つらぬ》き、山川を跋渉《ばっしょう》し寧処に遑《いとま》あらず、東は毛人の五十五国を征し、西は衆夷の六十六国を服し、渡りて海北の九十五国を平ぐ」とあるのは、その間の事情をもっともよくあらわしている。そうしてこのような事情は、唐の半島進出によって、日本が南鮮保有を最後的に断念するまでつづいたが、それまでは日本の天皇は、倭韓連合王国の倭王で、それがほんとうの意味の日本の天皇となったのは、大和朝廷が半島から完全に絶縁し、いまや日本島のみの主権者になりおわった天智天皇朝以後であろう。

そうしてその時期以後、日本の建国史に関する観念も大きく変ったのであって、天武・持統朝に及べば、朝廷は日本古来の伝統的王朝たることを主張し、その意図をもって「記・紀」の編纂がなされた。このようにして大和朝廷は、日本の土地に悠遠の昔に創始されたごとくに書伝されたが、真相は上述のようなものであろう。

4節　八四年に提示された「ミッシング・リンク」

（イ）稲荷山古墳出土の鉄剣と、高松塚古墳の壁画

江上氏が、南部朝鮮から北九州征服の過程で、将来発見されるはずだとした「ミッシング・リンク」については、著書「騎馬民族国家」改版（一九九一年発行）の「あとがき」で書かれているので、要点を抜粋し要約する。内容は四点あるが、そのうち二点目と三点目は「稲荷山古墳出土の鉄剣」に刻まれていた一一五字からなる銘文と、高松塚古墳の彩色壁画であり、直接には騎馬民族の北九州征服とは関係ない。この戦後の考古学上の大発見も、自説を補強し、傍証しているという見解なので、この二点は簡単に紹介する。

＊　**稲荷山古墳の鉄剣**

「埼玉県稲荷山古墳」出土の鉄剣に書かれている、雄略天皇である「ワカタケル大王」の「杖刀人」である「オオヒコ」から「ヲワケ」まで八代に渡る系譜に注目して、江上氏は以下の文を載せている。

『この稲荷山古墳鉄剣銘でもっとも重要な事柄は、その系譜そのものの書き方、在り方であるが、そのことについては古代史家によっても、国語学・国文学者によっても、ほとんど問題にされなかったことに

対し、江上は、この系譜のように、住所・本貫については一言も触れず、すべて親から子への名前の連続による単純な男系の系譜を示すものは、ほとんどすべてアジアの東西の騎馬民族のあいだにのみおこなわれた系譜の様式であることを、ユダヤ、アラブ、モンゴル、チベットなどの実例を引いて証明した。そうしてこれによって稲荷山古墳鉄剣の、ヲワケの一族が、騎馬民族特有の系譜の保持者であり、また彼ら一族を歴代近衛兵の隊長、大膳職の長などに任用して、天皇の身辺・身体の保護を一任したのは、ユーラシアの遊牧騎馬民族のあいだに広く見られる君主と杖刀人、盃捧持者との特別親縁な関係とまったくおなじで、それによって天皇家もまたヲワケ一族と同体不離な関係にあった騎馬民族であることが傍証されることを、江上は論じたのである。』

＊ 高松塚古墳の壁画

江上氏が三点目にあげたのは、高松塚古墳（奈良県）の彩色壁画である。この壁画の女性は高句麗風の服装であり、この時代（七世紀後半から八世紀初め）の宮廷の服装が、中国・唐様ではなく高句麗風なのが驚きであり、何故そうなのか疑問でもあった。江上氏はこの大化の改新以降も、宮廷では朝鮮服着用の風習があったことに着目して、以下の記載をしている。

『なお、高松塚の彩色壁画に描かれている画題や様式は明らかに朝鮮風のもので、女のひとの衣服や髪の形も朝鮮風である。ということは、大和朝廷では、大化の改新以後唐の冠位の制を採用して、官吏が中国風の服装を着用することを決めているのに、宮廷では、それ以前に聖徳太子のときに定められた朝鮮の冠位の制による朝鮮服ないし辰国風服飾の着用を、大化の改新以降も継続していたことを明示していて、大変興味深い。

というのは、聖徳太子は周知のように、小野妹子を遣隋使として中国に遣わしたが、その書に「日出づるところの天子、日没するところの天子に書を致す、云々」とあったように、けっして中国に対して卑下せず、中国は大国かもしれないが、日本も中国を宗主国とする東アジアの諸国とは違う、完全な独立国だという意識を持っており、そうして自分たち天皇家の出自は、南部朝鮮を全体的に支配した騎馬民族の辰王国だ、という認識があったのに相違ない。「隋書」倭国伝に記載されている、謎の「蓁王国」とは、「辰王の国」の事であり、大和の都のことだからだ。

聖徳太子が対中国のそのような立場から、朝廷の冠位の制を定めるにあたっても、中国の隋のそれを採用せず、朝鮮式の—すなわち辰王国風の—従来の衣冠の制をそのまま正式に採り入れたのに相違ないのである。そういう事情があって、大化の改新以後、一般の官僚の冠衣は唐制に変わったが、宮廷だけは従前通りの伝統的な朝鮮式の、すなわち辰国式の服飾の制をつづけたものであろう。高松塚古墳は都が飛鳥の藤原京から平城京（奈良）に遷る直前のもので、奈良朝になると日本は仏教を国教とし、一切の制度・文物がいよいよ唐風の色彩の強いものになっていったが、しかし、藤原京の時代までは、宮廷においては朝鮮式すなわち辰王国風の文化伝統がなお根強く残っていたことを実証する高松塚古墳の壁画は、貴重な考古・歴史資料というべきものであろう。』

（ロ）高霊市の池山洞《ちさんどう》古墳群など

＊池山洞《ちさんどう》古墳群（大加耶）と福泉洞古墳群など

『本書が中公新書の一冊として出版されてからすでに十七年近くなる。その期間中に、私が本書で展開した試論―日本における統一国家の出現と大和朝廷の創始が、東北アジアの夫余系騎馬民族の辰王朝によって、四世紀末ないし五世紀前半ごろに達成されたという推論が、予期しないいろいろな新資料の発見によって、いよいよ全面的に実証される段階に立つことになった。このことは私にとって予想外かつ望外の快事と言うべきものである。

その第一は、私の推論上不可欠の経由地になっている南部朝鮮（弁韓＝任那・加羅）から、北九州（筑紫）への、東北アジア系騎馬民族の渡来を実証する考古学的資料が、実際にはまったく欠けているという従来の指摘である。私はそれを将来かならず発見されるミッシング・リソクにほかならないと確信していたが、私の予想通り、しかもすこぶる完全な形で発見されて、南部朝鮮の加羅（任那）と、北九州の筑紫が一本につながって、加羅・対馬・壱岐・筑紫を連合した、最初の韓倭連合国が、朝鮮側史料に見える「日本」にあたり、その都が金官加耶か意富加羅《オオカラ》にあったとされる「日本府」にほかならない、という新しい推定を生むことになったのである。

まず南部朝鮮では、かつての金官加耶の地の、釜山市東莱福泉洞古墳群や、かつての大加耶の地の、高霊市池山洞古墳群などで四世紀末ないし五世紀初めに年代が比定される、大きな平石を長手の矩形の墓壙《はかあな》の上に敷き並べて蓋《ふた》石とした、いわゆる石蓋墓が多数群在して発見され、そこに鉄製の甲冑、馬具、馬面、金銅の冠、鉄製の刀剣、鉾、鏃《やじり》などの武具、農具・工具や、青銅の七鈴付円鐶形装飾品、鉄製・金銅製の服飾品など、豊富な副葬品が発掘された。また、これらの加羅の石蓋墓からは、非常に堅い焼成の陶質土器で、器形もすこぶる整った各種の壺・高坏・器台などのいわゆる加耶式陶質土器が出土し、大形の立派な器がすくなくないことも注目を惹いた。

それら福泉洞や池山洞の例と同様な石蓋墓・副葬品をもった古墳は加羅諸国の在った範囲内から盛んに発見されており、当時加羅（任那ともいう）が南部朝鮮においてもっとも有力な騎馬民族集団の大根拠地であったと認められること、すなわち東北アジアの夫余系の騎馬民族の辰王朝が加羅を拠点として日本列島への征服活動を始めたとする私の重要な論点の一つが、実証を得ることになったのである。なお加羅における騎馬民族的文化の系統が一方では中国の東北地区から内蒙古方面に連なり、他方では日本の古墳時代後期の騎馬民族文化に続くものであることは、出土遺物から一見明瞭であった。

そのような連続性は、かつての筑紫の地の、福岡県の各地、特に福岡市老司と同県甘木市池の上で見事に実証されたのである。そこでは加羅の石蓋墓とその副葬品とすべての点でほとんど区別できないほど一致した内容の古墳群が見出され、そこから加耶式土器の立派なものが多数出土した。その年代が5世紀前半にさかのぼる事、又その文化が加羅系に間違いないことが実証されることになった。

さらに特筆すべきは、従来日本古墳時代後期の特徴的な甲冑とされた衝角式鉄冑や、三角形鉄板を鋲留《びょうどめ》短甲などが加羅の石蓋墓などから続々と発見されている事実と、鉄製刀剣の青銅製ないし金銅製柄頭に鳳《ほう》凰《おう》の首や獅子頭を飾った立派なものが、やはり加羅の石蓋墓出土品中にすくなからずあって、日本の同様な鳥獣首飾の刀剣類が加羅からの将来品である可能性を強く示唆するものであったことである。

こうして日本の古墳時代後期の騎馬民族文化が、直接には、南部朝鮮の加羅（任那）から、そこを根拠にした騎馬民族―東北アジアの夫余系の辰王朝のそれ―によって、五世紀初めごろまず北九州（筑紫）までもたらされ、さらにその後、瀬戸内・畿内方面に拡がっていったことがほぼ明確になったのである。』

（著者注）江上氏は釜山市の東萊《トンネ》福泉洞古墳群を、かつての金官加耶の地としているが、東萊《トンネ》は洛東江の東側であり、加耶文化と新羅文化が混在しており、金官加耶（加羅）とは区別されるという。今日では、洛東江西側の金海市にある大成洞古墳群が金官加耶（加羅）の遺跡とされている。前期の加耶（任那）の中心勢力は、三世紀の狗邪《くや》韓国の地である金官加耶国（加羅）とされており、江上氏はこの大成洞古墳群に触れていないのは、改版発行当時（一九九一年）は未だ大成洞古墳群の発掘調査中で、研究成果が日本にまで届いていなかったからだと思われる。もちろん、この遺跡からも騎馬民族の副葬品が大量に出土しており、倭との交易があったことも判明している。

この調査報告書は二〇〇〇年に「金海大成洞古墳群Ⅰ」（慶星大学校博物館）として発表された。この古墳を長年発掘調査してきた申敬澈《シンギョンチョル》教授はこの報告書に、金官加耶国王は五世紀初～五世紀前葉に、自国民のみならず周辺の民を巻き込んで日本へ移動した、と驚くべき提言をしている。詳しくは3章で述べる。

（八）「夫余隆の墓碑銘」・百済辰朝の人なり

＊　百済王家も夫余族出身で、辰朝の後裔だった

『その四は、辰王国ないし辰王朝と天皇家・百済王家との関係の問題で、かならずしも新史料の発見ではないが、従来あまり利用されなかった「夫余隆の墓碑銘」によって辰王家と百済王家とを結びつけることが可能になり、同時に辰王家と夫余・高句麗とが系譜的につながることになったのである。一方、隋使裴世清の大和朝廷への紀行によって、天皇家と秦王（辰王）とを結びつけることができて、夫余〜辰王朝〜日本天皇家、夫余〜辰王朝〜百済王家との並列した関係も明らかになったのである。

まず「夫余隆の墓碑銘」は、現在中国の河南省開封市図書館に収蔵されているが、その墓誌銘は拓本によって戦前の日本でも知られていたし、朝鮮でも『朝鮮金石総覧』のなかに入っていたが、学界の注意をあまり惹かなかったようである。私も中国の有名な金石家羅振玉が稲葉君山に贈ったその墓誌銘の拓本を一部持っていたが、書斎の隅に他の拓本類と一緒に束ねたまま忘れていた。たまたま書斎を整理中に、この拓本を見つけ、開いてみて、「公、諱名は隆、字も隆、百済辰朝の人なり」と明記されているのを見てびっくりしたのである。ここに辰朝とあるのは辰王朝のことに違いない。それが百済王家として、百済滅亡までつづいたことは、この墓誌銘によって証明されているのである。

夫余隆は百済最後の王の義慈王の太子で、唐が新羅と同盟して百済を滅ぼしたとき、唐側に捕われて長

安に送られたが、その後新羅が強くなって、朝鮮半島から唐の勢力が追い出されるような形勢になったとき、唐は百済を復興して、新羅に対抗させることを計画し、夫余隆を楽浪郡王にして、朝鮮に行かせようとしたが、彼にはその意志がなく、中国で死んだ。

辰王朝については、三韓の時代、南部朝鮮に辰王という王がいて、馬韓の月支国に都をおき、馬韓と辰韓・弁韓二四国のうちの一二国（弁辰）を服属していたと言われるが、その辰王は流移の人で、馬韓の人でなく、それでみずから立って王となることはできなかったが、その一族は歴代馬韓の人に推されて王家を世襲したという所伝が、『三国志』の魏書東夷伝などに見えている。一方、馬韓の諸邑落国家が統一されて百済国になったとき、百済王家となったものが姓を（夫）余と称し、その王の一人（夫）余慶が北魏に使を遣わして上表した文中に「臣は高句麗とともに、源が夫余に出づ」とあるのによれば、百済王家の（夫）余家は、その先祖が中国東北地区にいた夫余で、おなじく夫余に出自したという高句麗と同族で、いずれも東北アジア系の騎馬民族であったことが分っていたのである。

この同族関係に、夫余隆の墓誌銘に見える、辰王朝（辰王家）―百済夫余家の関係を加えると、左のような系統図になる。

夫余本族（中国東北地区牡丹江中流域）——
　├辰王家（南部朝鮮）——百済王家（南部朝鮮）
　└高句麗王家（北部朝鮮）

一方、倭国とともに三韓時代にさかのぼって南部朝鮮の宗主権の追認を中国の南朝に迫った倭国王の主張を、百済関係を除いて認めた中国南朝の立場は、辰王家と倭国王の関係を肯定したものと理解される。すると、

夫余本族（中国東北地区牡丹江中流域）——
　├辰王家（南部朝鮮）——加羅（任那）王家（南部朝鮮）——倭国王家（日本列島）
　└高句麗王家（北部朝鮮）

辰王家は百済王家になるとともに、加羅王家を経て倭国王家にもなったという、倭国王の主張を、それに根拠があるとして中国南朝が認めたと推定するものである。

このようにして、百済王関係と、倭国王関係の系図がぴったりと並列し、かつ三韓時代の辰王家を共通にしたものとして結びつくが、それが二つの王国に分かれて、一つはもとの馬韓が百済に統一されても、

そこにずっと居坐って百済の（夫）余王家となったのに対し、他方は加羅（任那）に遷って、日本列島の征服に乗り出し、まず対馬・壱岐・筑紫などを占領し、さらに数代ののち畿内の河内・摂津に都を遷して倭王となり、最後に大和に入って土着の豪族と合作して大和朝廷を創始したが、その後も倭国と百済が密接な関係をもっており、とくに百済が倭国を頼りにしており、倭国は百済を終始援ける立場にあったことも、おなじ王朝の分岐したものとしてはじめて理解できることである。このような両国の関係が、東アジアの五～七世紀の国際関係にどのような役割ないし意義をもったか、今後はそのような問題の解決に取り組みたいと考えている。

一九八四年四月』

（著者注）「騎馬民族国家」改版の初版は一九九一年一一月発行だが、奇妙なことに「あとがき」の最後の日付は一九八四年になっている。おそらく江上氏は、当初は改訂版の発行を意図していたが、本文に書かれている「倭韓」連合国を、「韓倭」連合国に書き改める事は、付帯した事項の膨大な思考作業を要すると思われ、したがって、本文の訂正も膨大なものとなる為に改訂版は断念し、九一年の改版発行になったものと思われる。しかし本書でも指摘したが、四世紀初めの倭韓連合「国」を倭韓連合「軍」に変更するなど、最低限の本文変更は行い、「あとがき」で、北九州への遷都は無かったと示唆し、韓倭連合国という言葉を用いたと考えている。

2章

騎馬民族征服王朝説を検証する

1節 広開土王（好太王）碑文と検証する

中国側には史料のない「空白の四世紀」であるが、実は、貴重な文字史料が二つある。中国吉林省集安市にある広開土王（好太王）碑の碑文と、奈良県石上神宮に現存している七支刀の銘文である。江上氏はこの有名な史料について自説で触れていないのは、おそらく、この二つの史料とも重要なところの文字が、欠けていたり、判読しづらかったりするため、諸説がある解釈について、学者として自説を述べるのを避けたかったからだと思う。しかし私はアマチュアなので、自説を構築する必要はないので、まず、この二つの史料と江上説が矛盾しないか検証してみる。

(イ) 広開土王（好太王）碑文・いわゆる辛卯年条

広開土王は、高句麗の第一九代国王として三九一年から四一四年まで在位し、その碑文は四面に全文一八〇二文字（内二六〇字は碑面が欠損して全く読めない）が刻まれており、発見されたのは一八八〇年であり、その翌年に清の役人である席月山により拓本が作成された。一八八四年（明治一七年）に陸軍大尉酒匂《さこう》景信《かげあき》により、広開土王碑の拓本を参謀本部に持ち帰り解読した（「酒匂本」）。そのため、当時の時代背景から、参謀本部による碑文改竄説があったが、「酒匂本」以前の拓本が二〇〇五年に発見されるなど、「酒匂本」改竄・偽造説は、今日では完全に否定されている。しかし、まだ議論の絶えないところは残っている。この碑文の第二段目にある広開土王の業績の中に、倭に関する記述が四ヶ所ある。
①議論のある、三九一年のいわゆる辛卯《かのとう》年条である。
「百殘新羅旧是属民由来朝貢而以倭辛卯年来渡［海］破百殘□□新羅以爲臣民」

　この解釈がしばしば議論の対象となっている。□□が欠損文字。

中国では歴史学者耿鐵華などの見解で、［海］の偏旁がはみ出し過ぎて他の字体とつり合いが取れていない事から、実際は［毎］ではないかとする意見もある。
②三九九年、百済は先年の誓いを破って倭と和通した。そこで王は百済を討つため平譲に出向いた。ちょうどそのとき新羅からの使いが「多くの倭人が新羅に侵入し、王を倭の臣下としたので高句麗王の救援をお願いしたい」と願い出たので、大王は救援することにした。
　以下は武田幸男氏による原文。人により読み方が異なる文字はカッコ書き。□は不明
「九年己亥百残違誓与倭和通王巡下平穰而新羅遣使白王云倭人満其国境潰破城池以奴客爲民歸王請命太王恩（慈）（稱）其忠（誠）（特）遣使還告以□計」
③四〇〇年、五万の大軍を派遣して新羅を救援した。新羅王都にいっぱいいた倭軍が退却したので、これ

を追って「任那加羅」に迫った。ところが守備に当たっていた安羅人が逆をついて、新羅の王都を攻めた。

以下も同様の原文だが、武田氏が不明としている文字もカッコ書きで入れてある。

「十年庚子教遣歩騎五萬往救新羅従男居城至新羅城倭満其中官軍方至倭賊退口口（他の史料では不明文字は8文字）（莱）背急追至任那加羅従抜城城即歸服安羅人戍兵（抜）新羅城口城倭（満）（倭）潰城□」

④四〇四年、倭が帯方地方（現在の黄海道地方）に侵入してきたので、これを討って大敗させた。

議論がある、三九一年・辛卯年条の日本学会の解釈は以下のとおり。

『そもそも新羅・百残（百済の蔑称）は（高句麗の）属民であり、朝貢していた。しかし、倭が辛卯年（三九一年）に［海］を渡り百残・□□・新羅を破り、臣民となしてしまった。』、欠損文字□□については、「百済を□□し」と読む説と、□□を「加羅」か「任那」と読む説がある。

韓国と北朝鮮学会では倭が百済や新羅を臣民とする読み方はしていないが、日本学会の説で騎馬民族征服王朝説を検証してみる。

一点目の三九一年・辛卯年条の記述で、「海」か「毎」かだが、韓国や北朝鮮でも「海」としており、日本学会の説で問題ないと思う。しかし江上説だと「倭」とは韓倭連合国の「倭」であって、わざわざ「海を渡り」と書いてあるのは少々腑に落ちないが、それについては3節で述べる。一方、韓国・北朝鮮ではどの説も共通して欠損二文字には任那（加羅）を当てることはないという。

しかも、欠損二文字を加羅（任那）と読むと、「破」という動詞が加羅だけではなく、百済にもかかるので、後に述べる七支刀銘文から明らかな三六九年に成立した百済と倭の同盟関係に矛盾するので、欠損二文字に任那（加羅）を当てるのは不合理で「百済を□□し」などと読むべきだと考える。

そうすると、破ったのは新羅のみということになり、倭・百済同盟に矛盾しない。また、江上説も、韓倭連合国の構成部分である任那（加羅）を倭が破る矛盾がなくなる。

もっとも、高句麗にとっては倭と百済の同盟は認めないのだから、倭が百済を破ったと高句麗が表現するのはありうるが、日本の学会が欠損二文字を任那（加羅）とするのは、根拠もないのに、戦前の勇ましい皇国史観の残滓を引きずっているとしか思えず、安易すぎると思う。

北朝鮮に「百済が倭と連合して」新羅に攻め入ったという解釈があり、これを日本学会の解釈に従って表現すると「倭は『百済を連れ込んで』新羅を破り、臣民となした。」となり、私はこの解釈を取る。□□の漢字には「招」と「連」の二文字を当てれば、そういう意味になると思う。この解釈だと倭と百済の同盟関係に矛盾しないので、妥当だと考えている。また、倭が自らを破る（任那を破る）という、騎馬民族征服王朝説との矛盾はない。

（ロ）倭は新羅を攻撃し、高句麗との戦争が始まる

②の二点目は、「三九九年、百済は先年の誓いを破って倭と和通した」ため高句麗王は百済を討つため南進したことから始まる。「百済が先年の誓いを破って」とは、「広開土王碑」によると、三九六年に広開土王は自ら水軍を率いて百済を討ち、百済は降伏をし、今後は永久に高句麗の奴客になろうと誓ったという、この誓いを破ったことを言っている。

三九六年に高句麗の反撃が始まったのは、この年に高句麗西方の大国「前燕」が内部分裂を起こし、翌年には滅亡するという事態になっており、高句麗は西方の圧力から解放されて朝鮮半島に力を注ぐ事が出来るようになったので、半島での巻き返しを始めて百済を降した。

しかし倭は反撃をし、三九九年に百済との同盟関係を取り戻し、新羅の国境は倭人で満ちており、新羅は高句麗に救援を求めた。ここから高句麗と倭の戦争が始まる。この戦争は、基本的には百済と高句麗の戦争だが、四七八年の倭王「武」が南朝の宋に送った有名な上表文でも明らかなように、約八〇年にもわたる、倭と高句麗の戦争の始まりでもあった。

③と④は、四世紀末の四〇〇年には高句麗は五万の大軍を新羅に派遣し、倭は退却し、高句麗は「任那加羅」にまで倭を追撃した。続く四〇四年に倭は帯方群の故地にまで侵入し高句麗と戦争があり、ここでも倭が惨敗を喫したという記事である。

五世紀初頭に倭と高句麗が戦争をしたということは、騎馬民族征服王朝説にとってはなんの矛盾もなく、むしろ、江上説を補強している。四〇〇年の戦争では五万の大軍を高句麗が派遣したというのは誇張があるにしても、大軍であることは事実であろう。碑文によると四一〇年には東夫余を討ち服属させるなど、中国東北三省をほぼ隷属させたというから、当時の高句麗はかなり強大な国であった。

四〇四年の戦いは、今度は倭が高句麗を攻めたという記載である。この強国と戦うために、かなりの大軍を派遣しなければならないはずだ。広開土王（好太王）碑に書かれている「倭」がヤマトにある「倭」だとしたら、当時のヤマト朝廷（王権）に、海路遠くにある朝鮮半島の帯方郡の故地まで、対高句麗戦の大軍を派遣する力があったとは思えない。しかし、四〇四年の倭軍の兵力がどれほどであったかは明らかでなく、帯方郡の故地（今日のソウル付近）という遠方の場所の戦いからして、単なるゲリラ戦を高句麗が誇張して書いた可能性もある。

するとこの年には、倭の大軍派遣はなくゲリラ的に高句麗領を攻めたことになる。それにしても、畿内から今のソウルの敵地までゲリラ部隊を送る事は、後方支援部隊も必要だから容易ではない。また四〇〇年の戦いは、前年の三九九年から「倭」は新羅を攻めており、大軍を長期間にわたり朝鮮半島に滞在させており、武器や食料などの兵站ルートが長すぎて、とてもヤマトの「倭」が出来る事ではないと思われる。

後の白村江の戦いでの「日本書紀」の記述をみても、畿内から朝鮮半島への大軍派遣は大事業だ。四世紀末のヤマト地方の勢力に、これだけの大事業をする力があったとは思えない。応神・仁徳天皇による河内王権交代説をとると、この時期は未だ第一次ヤマト王権攻略の時期であり、東のヤマトと西の高句麗の二正面作戦となり、益々考えづらい。

戦争における最も重要事である、兵站ルートの確保ということを考えると、この「倭」とは、北部九州と加耶（加羅）の連合軍としか思えない。この場合、北九州の倭人と加耶（加羅）の倭人の連合軍（清張通史第2巻・講談社文庫）という解釈もあるが、夫余族が北九州に侵入したあとの韓倭連合国の「倭」の方が、後に述べる倭王「武」の上表文とも整合し、合理的である。

また、新羅との国境に倭が満ちていたのは三九九年の話であり、高句麗が倭を攻めて敗走させたのは翌年の話である。長期間にわたり新羅と対峙していた倭とは、ヤマトの倭とするよりは、韓倭連合国の倭とする方が合理的である。

更に、②の原文の中で「新羅遣使白王云倭人満其国境」という文章が有り、新羅国王が国境と言っているのは、新羅と倭の国境という意味にとれる。だとすると、新羅と倭は国境を接していたということになり、未だ騎馬文化を導入していない当時の倭が、既に騎馬文化を導入している加耶地域を占領していたということになり、この倭がヤマトの倭とはとても思えない。

ところで、北の大国・高句麗と二度も戦ったということは、一大事だったと思うが、あれほど朝鮮半島のことを書いてある「日本書紀」に、何の記載もないのは何故だろうか。これほどの一大事なのに、何の伝承もなかったとは思えない。伝承があったことをうかがわせるものに、「倭の五王」の一人「武」（雄略天皇）が、四七八年に宋に送った有名な上表文がある。長文であるが、要するに強敵である高句麗を、中国皇帝の恩徳をもって打ち砕きたいということである。そこに興味ある文書がある。岩波文庫版の「宋書倭国伝」から引用する。

「臣が亡考（亡き父）済、実に寇讐《こうしゅう》の天路（中国への道）を壅塞《ようそく》するを忿《いか》り、控弦《こうげん》百万、義声に感激し、方《まさ》に大挙せんと欲せしも、奄《にわ》かに父兄を喪《うしな》い、垂成の功をして一簣《き》を獲ざらしむ。」

要するに「武」（雄略天皇）とその父「済」（允恭天皇）は、大軍でもって高句麗を討とうとしていたが、にわかに父兄を亡くして、高句麗を討てないでいたことを書いているのだが、仇である高句麗を寇讐《こうしゅう》と書いている。高句麗を討つ本音は仇討ちで、攻められたことへの復讐だという事を示しており、これは四〇〇年と四〇四年の惨敗が雄略天皇の頃までは確実に伝承されていることを示す。寇讐《こうしゅう》と書いてあるが、日本列島は元寇のように高句麗から襲われてはいない。襲われたのは四〇〇年の戦いでの「任那加羅」であり、その復讐戦を約八〇年後でも成功させようとしている、と上表文を解釈する。詳しくは次章の3節で述べる。

江上氏は四世紀末から五世紀初めに東遷したと述べており、四〇〇年に起きた高句麗との戦争に備えて、「背後を固め、朝鮮半島作戦に万全を期するため」、北九州から東遷したとも解釈出来る。しかし、江上氏は東遷の時期には五世紀初めも含めており、五世紀初めとすると、四〇〇年と四〇四年の高句麗戦での大敗が、「国力を充実させ対高句麗戦に万全を期するために」、北九州若しくは加耶（任那）から、畿内への東遷の動機になったとなる。私は3節で詳しく述べるが、北九州からではなく加耶（任那）から畿内への東遷だと考えており、又、時期も四世紀末はあり得ないと考えている。

何故、「背後を固めるため」では無く「国力を充実するため」にするかというと、日本は任那日本府を置き南朝鮮を直接支配した、とされていた七〇年代までの定説は否定されており、韓倭連合国の河内遷都後は加耶（任那）への支配力を失っているからである。更に、金官加耶国が日本列島に移動したとする申《シン》教授の提言は、金官加耶国の滅亡としており、当然日本列島移動後は加耶を支配していなかったとすべきで、加耶（任那）の背後を固めるためという考えは成立しない。

2節　「七支刀」銘文と検証する

七支刀は刃から六本の枝が出た奇抜な形をした剣で、朝鮮半島と日本との関係を記す現存最古の文字史料であり、広開土王（好太王）碑とともに四世紀の倭に関する貴重な史料である。奈良県天理市石上神《いそのかみじん》宮《ぐう》に保存されていて、明治時代初期、当時の石上神宮大宮司であった菅政友が刀身に金象嵌銘文が施されていることを発見した。

その主身に金象嵌の文字が表裏計六一文字記されているが、鉄剣であるために錆による腐食がひどく、読み取れない字もあるため、銘文の解釈・判読を巡って今も研究が続いている。

(イ)「七支刀」銘文・百済と倭の同盟

銘文には以下の文字が記されている。

(表)秦和四年六月十一日丙午正陽　造百練鉄七支刀
以辟百兵　宜供侯王　□□□□作
(裏)先生以来未有此刀　百滋王　世子奇生聖音
故為倭王旨造　伝示後世

□は判読出来ないほど剥落している箇所であるが、井上光貞氏は中央公論社の「日本の歴史」で、だいたいつぎのような意味であろうとしている。

(表)「泰和四年六月十一日丙午の日の正陽、鍛えに鍛えた鉄でこの七支刀をつくりました。敵の兵力をことごとく破ることができる霊刀であります。侯王にさしあげたいとおもいます。」
(裏)「百済王ならびに世子の奇生聖音(後の貴須王)は、倭王のおんために昔からまだ見たことのないこの刀を、つくりました。願わくば、後世まで伝えられんことを」

（裏）の読み方については、異説がある「音」の字を「晋」として、「百済王世子、すなわち貴須は、晋の聖世に生まれあわせたことを有り難く思い、特に倭王のために命令して（旨）この刀を造らせ、後の世までの記念とした」という解釈を岡田英弘氏は著書「倭国」で採っている。異説がある文字「音」を「晋」と読むのは、百済は三七二年に東晋に入朝し「鎮東将軍楽浪太守」の称号を与えられているからである。

いずれにしろ文面から明らかなように、七支刀は百済と倭の軍事同盟を記念して百済から倭王に贈られたものと理解される。それでは同盟が結ばれた年は何時か。書かれている年号の泰和四年は、泰と太が音通するため、東晋の太和四年（三六九年）とする説が有力で、異説もあるが、三六九年の百済・倭同盟の記念品ということになる。

「日本書紀」の『神巧皇后紀』には「百済記」に基づいて作ったと思われる一連の記事があって、この間のことが記載されている（記事の年は定説に従い干支を二運して一二〇年遅らせて読む）。「三六四年、百済の使者三人が卓淳《たくじゅん》国に到着して、王に倭国に通ずる道を教えてくれるように乞うた」から始まる物語である。しかし、この物語は倭と朝鮮半島との交流は古くから記録されているのに、百済が倭国への道を知らない等怪しげなところがあり、ストーリーとしてはお伽噺としか思えない。それで、岡田氏は著書「倭国」で「三六九年に至って、倭国の使者千熊長彦《ちくまながひこ》が百済を訪問し、同盟条約を結んだというのが本来の筋」と書いている。同感である。

岡田氏が言う、「日本書紀」に書かれている「本来の筋」は以下の通り。「千熊長彦と百済王は百済国に至り、鉗支山《へきし》で盟い、また古沙山《こさ》で盟ったのち、都（広州）に至つて、そこで別れて帰った。」「それから、三七〇年、三七一年と百済の使が倭国に朝貢し、三七二年には七支刀一口、七支鏡一面などの宝物を倭王に献上した。」

この七支刀が石上神宮に現存していたのだ。逆に言うと、七支刀の現存が、「日本書紀」に書かれている倭・百済同盟が真実だったと証明している。

（ロ）三六九年での倭・百済同盟の必然性はあるか

百済とは日本では「クダラ」と読まれており、三韓時代（魏志倭人伝の時代）の三韓のうちの一つ馬韓の地に北方騎馬民族の夫余族が建国した国といわれている。建国の時期は明らかではないが四世紀前半には、南部の栄山江流域地域を除いて馬韓諸国を統一したと思われている。

何故夫余族の建国かというと、中国の「北史」（百済伝）では、百済王「餘慶」自身が夫余族出身だと述べており、その他百済王を夫余族出身とする書が多い（例えば「周書」では『夫余之別種』）。また、中国南朝の各歴史書（宋書・梁書・南史）は、「百済は始めは高句麗と（ともに）遼東の東千里の地にあった」と書いてある。遼東の東千里とは、魏志東夷伝により夫余族の故地と推測され、王などの百済の支配層は、馬韓人ではなく北方騎馬民族の夫余族であった。

倭は新羅や高句麗とは戦争をするが、百済とは戦争をしたことがない。百済が滅んで、その再興のため倭が唐・新羅連合軍と戦い大敗北を喫した「六六三年の白村江の戦い」まで、倭と百済は時代により濃淡はあっても、同盟関係にあったと思われる。同盟関係にあることは確かだが、その最初が三六九年として合理的に歴史が再構築出来るのか検証する。何故なら、この年代が当時の日本が邪馬台国の時代から、次の時代へのターニングポイントを推測するのに重要となるからだ。

つまり、秦和四年は異説がある中で、東晋の太和四年（三六九年）と解釈して、つじつまが合うのか検証する必要がある。

同盟締結つまり三六九年当時の百済の重要関心事は、北に隣接する高句麗の動向であった。

高句麗は「魏志倭人伝」の時代からある古い国で、中国東北地方の今の集安市に都を置いていた夫余族の国である。

三一三年に楽浪郡と帯方郡を滅ぼし（帯方郡を滅ぼしたのはもしかすると別の勢力かもしれない）、朝鮮半島北部にまで進出していたが、高句麗は朝鮮半島への関心よりは西方にある中国の遼東郡方面に関心を抱いていた。しかし、三四二年には遼東郡を支配していた中国の五胡十六国の一つである「前燕」に大敗を喫し、都を占領された上に王の母と妻までが捕らえられた。逃亡した高句麗の故国原《ここくげん》王は翌年には謝罪をして、三五五年には「前燕」から楽浪公として冊封されている。「前燕」から「楽浪公」の冊封を受けるということは、楽浪郡領有の正当性を正式に認められ、旧楽浪郡を実効統治していたと思われており、南に隣接する百済との緊張が高まっていくことになる。

朝鮮側史料である「三国史記」によると、概ね以下の百済・高句麗戦争が書かれている。

「三六九年九月に高句麗の故国原王《ここくげん》は二万の軍隊を率いて百済に侵入したが、百済王は太子近仇首《きんきゅうしゅ》（七支刀の貴須王）を遣わして、高句麗を破る。しかし、三七一年に高句麗は再び大同江を渡り百済を攻撃するが、百済王は兵を伏せて破り、逆に王と太子（貴須王）は侵攻し平壌城を攻め、故国原王を戦死させる。」

「三国史記」は一一四五年に作られた書物で、戦争から八〇〇年も後に書かれており、すぐには信用出来ないが、四七二年に百済の蓋鹵《こうろ》王が北魏の孝文帝に送った手紙には「臣の祖の須」がこの戦いで勝ったことが書かれてあり、須とは貴須王のことであるから、この戦争は歴史的事実として証明される。

このように三六九年から百済と高句麗が戦争状態になる時に、倭・百済同盟が締結されることは十分に考えられることである。過去に議論はあったが、多方面からの実証で七支刀記載の三六九年の倭と百済の同盟は確実で、今日では定説と言える。

江上説をとると、三六九年の同盟は「韓倭連合国」の倭であり、この年までに騎馬民族による任那（加羅）から北九州への征服は終わっており、かつ、他国を支援出来るほどの安定した体制になっているということになる。つまり、遅くとも四世紀前半には、騎馬民族が北九州勢力・少なくとも筑紫地方を征服していた事になる。しかし、鉄剣の銘文には「倭王」となっており、当然に都は北九州でなければならないのだろうか。

南朝鮮に都を置く「倭王」とは矛盾するだろうか。なぜこのような疑問を持つかというと、「魏志・韓伝」では「韓は帯方郡の南にあって、東西は海であり、南は倭と接している」と記載しており、朝鮮半島南端が倭という事になる。また、「魏志・倭人伝」でも「その北岸狗邪韓国に到る」と記載されており、倭国の北端が狗邪韓国だという解釈もあり、今日のように倭（日本）と韓（朝鮮）は海により隔てられていたとは言えない。

また江上氏は「騎馬民族国家」改版のあとがきに、『最初の韓倭連合国が、朝鮮側史料に見える「日本」にあたり、その都が加羅か意富加羅《オオカラ》にあったとされる「日本府」にほかならない』という文章を残しており、晩年は騎馬民族は筑紫を制圧しても、都は加耶（任那）に据え置いたままだと考えを改めたと思える。これについては次節で詳しく述べる。

参考のために、井上秀雄氏の著書「古代朝鮮」（講談社学術文庫）は以下の三世紀の図を、「東夷伝による諸民族の地理的位置」として載せている。魏志韓伝と倭人伝では、朝鮮半島南端を倭人居住地区としている事と、対馬と壱岐の住民は「南北にゆきて市糴《してき》す」という倭人伝の記事から、倭人はエーゲ海のギリ

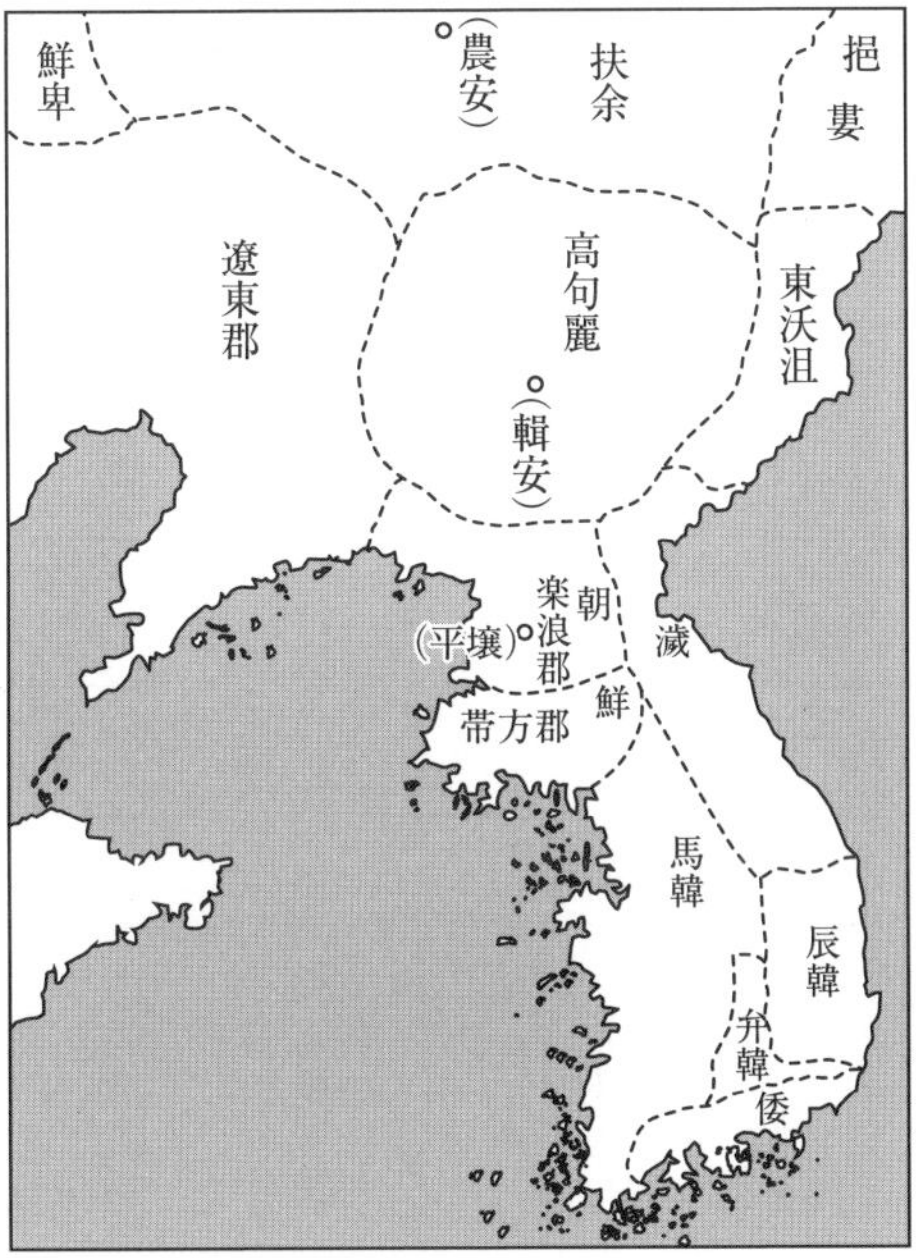

「東夷伝」による諸民族の地理的位置

シャ人のように、対馬海峡を挟んで朝鮮半島南端の多島海にも住んでいた海洋民族でもあったと考えられる。朝鮮半島南端は多島海と呼ばれており、実に多くの島々からなっており、まさにエーゲ海のようである。また、倭人の中には安曇《あずみ》族と呼ばれている海の民がいて、全国各地の津々浦々にアズミの地名を残していることは有名であり、その本拠地は北九州であった。文献史料だけではなく、以上からも朝鮮半島南端が倭人居住地区であったと「魏志」に書いてあることは真実だと思われる。私が想定する倭人居住地区はこの地図よりは狭く、エーゲ海のギリシャ人同様で、多島海の島々と沿岸部だけだったと考えている。

都が何処にあったのかは次節にゆずって、「七支刀」銘文と「好太王碑文」と、それに関連する事を以下に年表でまとめる。

三一三年　高句麗が楽浪郡・帯方郡を滅ぼす
三三七年　五胡十六国の一つ「前燕」が成立、遼東郡を支配

三四二年　「前燕」が高句麗を攻め、都を占領し王の母と妻を捕らえる。
三五五年　高句麗の故国原王が「前燕」より、楽浪公に冊封される
三六九年　高句麗が南下し、百済との戦争が始まる。結果は百済の勝利
三六九年　倭・百済同盟の成立
三七一年　再び高句麗が南下し、百済と戦争、逆に高句麗王が戦死する
三九一年　倭が百済を「連れ込んで」新羅を破り、臣民とする
三九六年　高句麗が再び朝鮮半島を南下し、百済を破り家臣とする
三九九年　倭が百済との同盟を復活させ、新羅を攻める
四〇〇年　高句麗は新羅救援のため、五万の大軍を派遣し倭と戦争する。倭が敗退し、高句麗は「任那・加羅」に追撃する。
四〇四年　倭が帯方地方に侵入し、再び高句麗と倭の戦争。倭の大敗。

このように古代東北アジア史から、「空白の四世紀」のキーポイントが埋められる。

そして、四一三年に倭が東晋を訪問したと晋書にあるが、高句麗と一緒になって倭が訪れたとされており、この記事には疑問がもたれている。「宋書」に記録されるのは四二一年の倭王「讃」の朝貢からで、いずれにしろ、「空白の世紀」は終わり「倭の五王」の時代になる。

3節　任那からきた肇国《ちょうこく》天皇と、その都の所在地は

崇神天皇と応神天皇の実在が疑わしいから、江上説は成り立たないと言う人がいるが、そうではない。問題は、肇国《ちょうこく》天皇である崇神天皇と東遷の応神天皇が実在していたかどうかという事ではなく、御肇国天皇《ハツクニシラススメラミコト》が「ミマキイリヒコ」と呼ばれていたという伝承があるという事と、神武東征と同じような経歴を持つ天皇が神武以外にもいるという伝承の存在である。つまり、問題は征服王朝たる大和朝廷（王権）の成立が、任那から北九州という第一段階と、北九州又は加耶（任那）から大和へという第二段階があったかどうかだ。

(イ)「随書倭国伝」中の「謎の秦王国」と、三韓時代の辰王国

近年の高霊市の池山洞《ちさんどう》古墳群や金海市の大成同古墳群等の発掘で、日本の後期古墳文化を特徴づけているもののルーツは加耶（任那）であったことが明らかとなった。しかし、この馬冑などの騎馬文化が四世紀中頃までに北九州に届いていたかは、明らかになってはいないので、そのことをもって騎馬民族の第一段階の征服があったとは、言いきれない。

しかし、考古学からではなく辰王朝の筋から、第一段階の征服はたどれないだろうか。江上氏が「あとがき」で書いているように、百済王「夫余隆」の墓碑銘により、それまでは疑問視されていた辰王の実在

は証明されたと言える。この筋の史料から第一段階の征服をたどる。

辰王とは「魏志・韓伝」に記載されている王で、第1章3節の（イ）「三韓時代にいた『辰王』について」で説明した。この説明に付け加えるとすると、「馬韓諸国の承認を得なければ、自らたって王となることは出来ない」とは、モンゴル等北方騎馬民族のクリルタイ方式の王位継承方式だということだ。この王位継承方式によれば、辰王は北方騎馬民族ということになり、同じく北方騎馬民族である夫余族出身の百済王の墓碑銘に、「百済辰朝の人なり」と書かれているのは合理的に納得出来る。

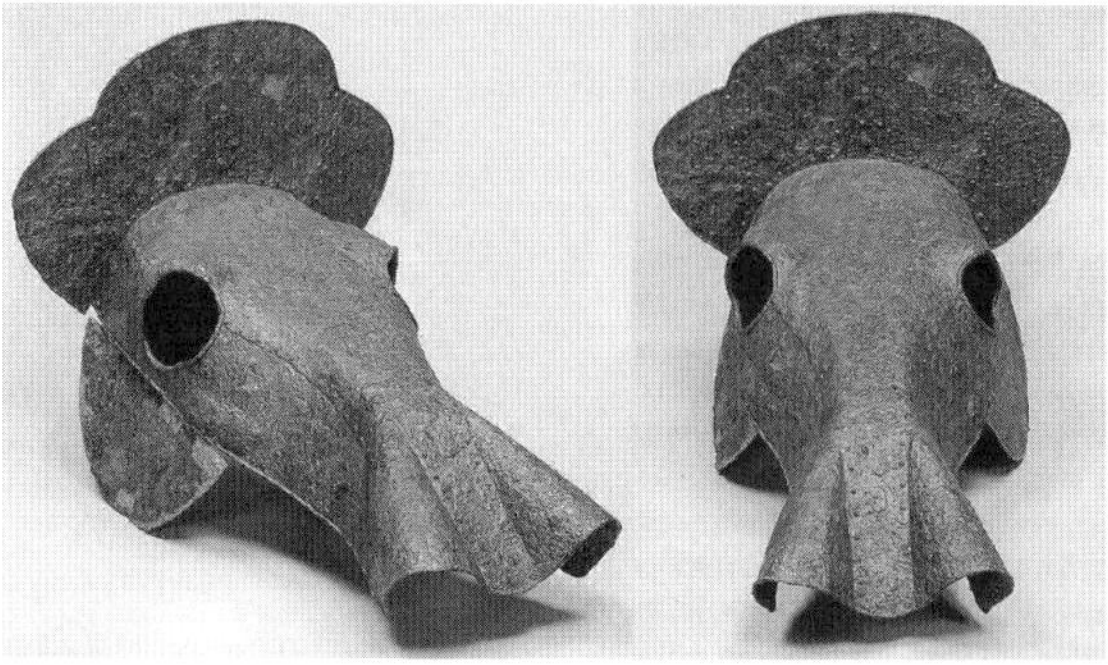

和歌山市大谷古墳出土の馬冑

文化庁所管和歌山市立博物館所蔵

その上に、江上氏は「自分たち天皇家の出自は、南部朝鮮を全体的に支配した騎馬民族の辰王国だ、という認識があったのに相違ない」と述べている。江上氏はこの説を展開するのに、「隋書倭国伝」の隋の使者が倭の都を訪れた時の記事を証拠としている。この文章は、六〇八年の遣隋使の訪問に対する答礼が、翌六〇九年におこなわれた時のもので、答礼使の裴世清が実際に当時の倭国を見聞した記録である。江上氏はここに書かれている「秦王国」とは、倭の都があった国のことで、「辰王国」の意味だと主張している。

岩波文庫版の現代語訳で「隋書」での問題の箇所を引用する。

「明年（大業四年、推古十六年・六〇八）上（煬帝）に文林郎裴清（裴世清《はいせいせい》）を遣わして倭国に使させた。百済を度《わた》り、竹島（絶影島か）にゆき、南にタン羅国（耽羅、済州島）を望み、都斯麻国（対馬）をへて、はるかに大海の中にある。また東にいって一支国（壱岐）に至り、また竹斯国（筑紫）に至り、また東にいって秦王国（厳島・周防、秦氏の居住地か）に至る。その住民は華夏（中国）に同じく、夷州（いまの台湾）とするが、疑わしく明らかにすることはできない。また十余国をへて海岸に達する。竹斯国から以東は、みな倭に附庸する。」

問題は秦王国とはどこかである。その住民は中国と同じと言っており、夷州だというが疑わしいとしている。岩波文庫版の注釈では、秦王国のことを不詳としながらも、「厳島・周防などか」としているが、単に「国」としないで「王国」という漢字になっている事は重要だと思う。江上氏は、「秦王国」は倭国王が都した国だとしているのは、そこから先にも「十余国あって海岸に達する」とあり、それらの国々についてては国名も挙げられておらず、記事もないことをもって都への道程としては不自然な書き方だとして、達した海岸が都だとする通説を批判している。また江上氏は、倭国での秦の字が中国では辰の字に変わることも挙げている。

通説に従うと、海岸に達したところは実際には難波なのに、そこから大和までの道程が書かれていなく、海岸に達するのをもって都に達すると解釈するのは不合理で、江上氏の読み方通りで、秦王国とは倭の都がある国とするのが合理的だと思う。当時は聖徳太子の時代であり、冠位十二階を制定し官吏の服装は中国風だったという説もあり、少なくとも礼は中国式の立礼に改められており、都には法隆寺（斑鳩宮）が創建されており、夷蛮の地とは思えぬほど豪華な都であり、「華夏と同じ」と隋の役人が驚くのは不思議ではない。何しろ中国の役人が倭を訪れて実際に見聞するのは、卑弥呼の時代の二四七年以来約二六〇年ぶりのことであり、魏志倭人伝に書かれていた倭とは異なり、倭の文化が中国並みに進んでいることに驚き、「華夏と同じ」という表現になったと推測する。

秦王国は謎に包まれており、それが大和の都のある国だったとする検証作業は最終章で行うが、それだけをもって、天皇家の出自が辰王国であったという認識が、当時あったとは言い切れないだろう。江上氏の説が事実だとすると、「隋書」は時代が下っている聖徳太子の時代であり、その前にも、史料があってもよさそうだ。

それが存在していた。「日本書紀」巻第十九・欽明天皇紀の任那日本府滅亡の時の天皇の「勅《みことのり》」に、これを推測させるものがあった。

金達寿氏の著書「日本古代史と朝鮮」（講談社学術文庫）で、「加耶諸国が最終的には新羅によってほろぼされ、「併呑」されたのは五六二年でした。「日本書紀」欽明天皇二十三年条に、そのことがこうあります。」として、「日本書紀」から天皇の勅《みことのり》を引用した後に、以下の解説がある。

『そこに「朝鮮支配の軍政府」（「日本史小辞典」）を置いていたという「任那」の人々、つまり加耶諸国の人々のことを、［我が黎民《おおたみ》］［我が百姓《おおみたから》］と力をこめてくり返していることにも注意してほしいと思いますが、それよりもっと注意し、注目しなくてならないのは、さいご「『君父《きみかぞ》の仇讎《あだ》を報ゆること能はずは、死《みはまか》るとも臣子《やっこらこども》の道の成らざることを恨むること有らむ』とのたまふ」とあることとです。

念のため。そこをもう一度みてもらいたいと思いますが、これはいったい、どういうことなのでしょうか。いわば、その「任那」は欽明天皇にとって「君父」のいたところ、すなわちその「君主の国」にほかならなかったということとであります。』

以上のように欽明天皇にとっては、任那とは、先祖がいた「君主の国」に他ならないという認識だった。しかも崩御の時にも、任那との関係を夫婦にたとえて、このような関係に戻ることを皇太子に遺言している。全現代語訳　「日本書紀」下（講談社学術文庫）より引用する。

『大殿に引き入れて、その手をとり詔して、「自分は重病である。後のことをお前にゆだねる。お前は新羅を討って、任那を封じ建てよ。またかつてのごとく両者相和する仲となるならば、死んでも思い残すことはない」といわれた。この月、天皇はついに大殿に崩御された。』

この二つの文書から、欽明天皇の任那への深い思い入れがわかる。少なくとも継体・欽明朝までは、天皇家の発祥の地は南朝鮮の任那だったという伝承があったということに他ならないといえる。

金氏が引用した文章は、岩波版「日本文学大系」『日本書紀』(下)ですが、かなり難解な読み下し文のため、現代語訳の「日本書紀」(下)(講談社学術文庫)と対照して読んでみた。現代語訳だけでは金氏の問題意識は出てこなかった。単に「先祖の仇」と読んでしまっては、仇は欽明天皇の先祖が被った仇の意味になってしまい、任那が滅んだという現在の仇が、先祖が被った過去の仇の意味なり、文書がおかしくなる。しかし、読み下し文をよく読むと「君父の仇」とは、『「君父の国」の仇を、欽明天皇が、報いることが出来なければ、死んでも臣子《やっこらこども》の道を成し遂げられなかったことを恨むことになろう。』と訳す事が出来て、欽明天皇は任那を「君父の国」と思っており、その仇を討たんという決意と理解出来る。

以上、「隋書倭国伝」中の「謎の秦王国」と、「日本書紀」に書かれている欽明天皇の任那滅亡に当たっての「詔《みことのり》」及び皇太子への遺言から、聖徳太子の頃までは、天皇家の出自は南朝鮮の辰王国であるという伝承があったと思われる。以上述べたように、考古資料からは、騎馬民族の北九州侵入という第一段階の征服は辿れないが、文献史料からは辿れたと考える。
次に何故、考古資料から第一次征服が辿れないのか、その理由を述べる。

（ロ）「韓倭連合国」の都は金官加耶（任那）にあった

前節で江上氏は晩年には騎馬民族は筑紫を征服しても、都は加耶（任那）に据え置いたままだと考えを改めたと思えると述べた。再度改版「あとがき」の問題の箇所をあげる。『最初の韓倭連合国が、朝鮮側史料に見える「日本」にあたり、その都が加羅か意富加羅《オオカラ》にあったとされる「日本府」にほかならない』という文章である。ここで言われている「韓倭連合国」とは本文では「倭韓連合国」と書かれており、変更した理由は、筑紫侵攻後も都は加耶（加羅）に据え置いたままと考えを改めたので、「倭韓連合国」を「韓倭連合国」の表記に替えたと思われる。

更に、江上氏は改版「あとがき」に次の文章も残している。

「こうして日本の古墳時代後期の騎馬民族文化が、直接には、南部朝鮮の加羅（任那）から、そこを根拠にした騎馬民族―東北アジアの夫余系の辰王朝のそれ―によって、5世紀初めごろまず北九州（筑紫）までもたらされ、さらにその後、瀬戸内・畿内方面に拡がっていったことがほぼ明確になったのである。」

五世紀初め頃と書いてあるところに注目してもらいたい。最初は四世紀の誤植かと思ったが、もしかしたら自説を訂正したのかもしれないと考え出した。四世紀前半としていた辰王の筑紫侵攻を、五世紀初頭に変更したのかと思ったのだ。それで江上氏の文章を検証してみたらそうではなく、筑紫を占領しても都は筑紫に遷都しなかったという意味で、その事を、騎馬民族文化は「5世紀初めごろまず北九州（筑紫）までもたらされ」、と表現したと考えた。以下それを検証してみる。

1章3節「古代東アジア史からのアプローチ」の、（ロ）で引用した江上氏の文章は以下の通りだった。「要するに、辰王系の任那の王が、加羅を作戦基地として、そこにおける倭人の協力のもとに筑紫に侵寇したのが、崇神の肇国《ちょうこく》事業であり、ニニギノミコトの天孫降臨で、第一回の日本建国にほかならないと考えられる。そしてそれは成功して、まず任那と筑紫からなる倭韓連合国の成立を見、その連合軍（著者注　改版以前は連合国になっていた）の王倭王はまず筑紫に都することになった。それは四世紀初頭のことと思われるが、」と書かれてある。

しかし1章2節で引用した「記・紀」の伝承からのアプローチに以下の文章がある。

「これを要するに、「記・紀」の神話・伝承を中心として考察した結果は、天神なる外来民族による国神なる原住民族の征服―日本国家の実現が、だいたい二段の過程でおこなわれ、第一段は南鮮の任那（伽羅）方面から北九州（筑紫）への侵入、第二段は北九州から畿内への進出で、前者は崇神天皇を代表者とした天孫族と、たぶん大伴・中臣らの天神系諸氏の連合により、四世紀前半におこなわれ、後者は応神天皇を中心とした、やはり大伴・久米らの天神系諸氏連合により、四世紀末から五世紀初めのあいだに実行されたように解されるのである。」

第一段目の肇国《ちょうこく》つまり任那から筑紫への侵攻が、前者は四世紀前半と時期が若干ずれており、同一書物なのに矛盾しているようにも思われるが、実はそうではない。

「まず任那と筑紫からなる倭韓連合国の成立を見、その連合軍（著者注　改版以前は連合国になっていた）の王倭王」の文章に注目してもらいたい。

なぜ連合「国」を、改版で連合「軍」に改めたのか、最初は解らなかった。これは四世紀初頭に、加耶（加羅）の南端に住んでいる倭人の協力で韓倭連合軍を作り、その後筑紫へ侵入したという意味だ。従って、「それは四世紀初頭のことと思われるが」という文書は、朝鮮半島南部における韓倭連合軍は四世紀初頭に出来たという意味である。筑紫侵攻は改版以前では、四世紀初頭も含む四世紀前半だったが、四世紀初頭は韓倭連合軍が出来ただけで、筑紫侵攻はその後の事と考えを深めた理解をすれば、この文章全体が矛盾なく読めるようになった。

四世紀前半に筑紫侵攻をしたという考えに変更がないが、改版では、そこから四世紀初頭年代を省き、四世紀前半の年代を更に絞り込んだものと思われる。このように江上氏は改版で、騎馬民族の筑紫侵攻について更に考えを深めていったことが、「連合国」を「連合軍」に改めたことからわかる。

更に、「あとがき」の「5世紀初めごろまず北九州（筑紫）までもたらされ」という文章はどう理解したらよいのか考えてみた。

辰王系の天孫族が、四世紀初頭に朝鮮半島南端と多島海に住む倭人と協力して韓倭連合軍を作り、その後、倭の本拠地である筑紫へ侵攻し、「韓倭連合国」の倭王となった。これが四世紀前半である。ここまでは従来説と異ならないが、改版以前は、韓倭連合国の倭王は都を筑紫に置いたとしたのを、修正したのだと考えた。つまり、筑紫を占領した後も、都は朝鮮半島南部の倭人の根拠地でもある加耶（加羅）南端に据え置いたままだと考えを修正したとすると、このあとがきの文書「5世紀初めごろまず北九州（筑紫）までもたらされ」と書いた意味が理解出来るし、あとがきで「韓倭連合国」へ変更した事も理解出来る。

つまり、かつて中国から金印を授かった「奴国」と「邪馬台国」があった地域を征服したのを期に、金官加耶（任那）王は倭王を自称したが、都は金官加耶（任那）に据え置いたままで、九州へ遷都はしなかったという意味である。

韓倭連合国の都があった加耶（加羅）とは、四〇〇年に高句麗が倭を攻めたのが任那加羅であることから、金官加耶（加羅）に特定出来る。つまり、魏志倭人伝に出てくる旧狗邪韓国の地で、魏志倭人伝でも「その北岸」と書かれてあり三世紀から倭人も住む地域で、倭王の都があったとしても矛盾する土地ではない。その遺跡は金海市にある大成洞古墳群である。現代の感覚からすれば、倭王の都が釜山付近にあったというのは理解しづらいかもしれないが、三～五世紀の倭人居住地域が朝鮮半島南端にもあった事からして、理解出来ると思う。例えばヤマトの王権が北九州を征圧したからといって、北九州に遷都しないのと同様に考えれば良い。

四世紀前半には、「韓倭連合国」の都が北九州にあったわけではないので、「騎馬民族文化が・・・(中略)・・・5世紀初めごろまず北九州(筑紫)までもたらされ」という江上氏の表現が理解出来る。

整理すると、夫余族の王は四世紀前半に、占領した筑紫はかつて中国から金印を授かった「奴国」や「邪馬台国」があり、これらの王が名乗っていた「倭王」の方が伝統と格式があるので、筑紫占領を期に、「倭王」を名乗ったと思われる。しかし、筑紫には後の太宰府のような、あるいは、邪馬台国における伊都国にいた一大率のような統治機関はあったとしても、都は倭人も居住している加耶(加羅)に据え置いたままであった。それで江上氏は「あとがき」で「騎馬民族文化は5世紀初め頃まず北九州にもたらされた」と書き、「倭韓」を改め「韓倭連合国」の表記に変更したのである。以上述べた様に遷都は無く、従って加耶から北九州への騎馬民族の移動が無かった事が、考古資料から第一次征服が辿れない理由である。


従って、三六九年の百済と同盟した「倭王」の都はまだ加耶(任那)にあったということになる。同盟記念の「七支刀」の銘文で、倭王のことを「候王」と格下に書いているとしか解釈出来ないのは、その関係もあると考える。これについては次章で説明する。

その同盟後、百済は一旦高句麗に勝利するが、三九六年から高句麗は再び南下政策を取り、倭の同盟国・百済を降し、「韓倭連合国」と高句麗は直接対峙する緊張関係に入った。

このように筑紫に遷都しなかったとするには不利と思える史料がある。先に紹介した広開土王碑の辛卯《かのとう》条項である。日本史学会での解釈を再掲する。

『そもそも新羅・百残（百済の蔑称）は（高句麗の）属民であり、朝貢していた。しかし、倭が辛卯年（三九一年）に［海］を渡り百残・□□・新羅を破り、臣民となしてしまった。』

この解釈だと倭が海を渡って来て、新羅を破ったわけだから、この倭が韓倭連合軍だったとしても、倭の主力軍は海を渡って来たと解釈せざるを得ず、倭王の都は筑紫にあったとしなければならない。しかし、そうでもない。漢文の読み方としては、この読み方は正しいとは言えないそうだ。以下、清張通史第二巻（講談社文庫）から引用する。

『碑文の「倭以辛卯年来渡海」を、倭が辛卯の年に海を渡って来たという意味だとすると、この字句はふつうの漢文としては少しおかしく見える。そう読ませるためには「倭・・・・来渡海」ではなく「倭・・・・渡海来」でなければならない。「倭が来て、海を渡った」では奇妙である。

ところが、「渡海」の前に「来」を置いたのは、「来」を強調するためだという説がある。

これは東洋史学者の栗原朋信の説であって、同氏によると、漢文では強意法としてよくこうした動詞の倒置をするという。』（清張通史第二巻）

「渡海」の文字は動名詞となり、「来」を単に修飾しているに過ぎない意味となる。つまり辛卯の年に倭が来たということが主文であって、海を渡ったということはこのことを単に修飾しているに過ぎず、従たる事であると理解出来る。この場合の読み下しは「倭は辛卯の年に来るに渡海を以てし」となり、倭が新羅を破るのに渡海してきた部隊もいたと解釈出来る。三九一年に韓倭連合軍が新羅を攻めたときは、百済を連れ込んだだけではなく、海を越えた筑紫の倭人部隊も倭王が動員したと読めて、主力軍は朝鮮半島にあり、「韓倭連合国」の都は加耶（任那）にあったと、理解出来る。

都が加耶（任那）に据え置かれたままであっても、夫余族の日本列島侵入の第一段目は、四世紀前半に「ミマキイリヒコ」という伝承を持つ人物に率いられて筑紫へ侵入し、第二段目は四世紀末から五世紀初めに河内への進出となり、「韓倭連合国」はこの時は確実に遷都した事になる。次章で述べるが、その四世紀末から五世紀初めという時期から、四世紀末を省くべきだと考えている。

3章

騎馬民族征服王朝説は否定できない

1節 騎馬民族征服王朝説への疑問について

(イ) 井上光貞氏が指摘する騎馬民族説への疑問

井上光貞氏は「日本の歴史」1巻（中央公論社）で、騎馬民族征服王朝説に対するいくつかの疑問を提起している。代表的な疑問として検証する。

＊ 辰王の実在性への疑問

「このように、辰王が北方騎馬民族であることも、のちに弁辰の支配者となったことも立証されないとすると、騎馬民族が海をこえて日本に来たというその仮説そのものが疑わしくなるのである。」

確かに辰王の実在性が証明されないと、理論全体に関わってしまう。これに対して、松本清張氏は実在が不鮮明な辰王を持ち出さず、ただ単に夫余族が日本列島に来たとしている（「清張通史」2巻（講談社文庫）。しかし、辰王の実在が証明されないと、例えば「倭の五王」が要求した奇妙な将軍号は何故か、あるいは隋書倭国伝の「謎の秦王国」問題など、江上氏が歴史全体を再構築する作業の一部が欠けてしまい、トータルな歴史理論としては不十分である。

既に、辰王については述べてきたが、「魏志・韓伝」等に書かれている事を、もう一度整理する。「魏志」では二回に分かれて書かれており、最初の箇所は、馬韓の国々を列記したあとの文章で、「辰王は月氏国を治む。臣智は或いは・・・・・・の号を加う。」と書いたあとに、「辰王の臣下には魏から率善・邑君・・・・などの官名を受けているものがある。」と書かれている。二回目は、辰韓・弁韓二四国を列記したあとに、「その十二国は辰王に属す。辰王、常に馬韓の人を用いて之《これ》になし、世世相継ぐ（代代世襲している）。辰王、自立して王たるを得ず。」と書かれている。

そして「魏略」にこの文章の説明として、「其の流移の人為ることを明にす、故に馬韓の為に制せられる。」と記されている。さらに、「後漢書・東夷伝」では、「馬韓は最も大、共にその種を立てて辰王となす、月子国に都し、尽く三韓之地に王たり」と記されている。

後漢書は魏志よりあとに書かれた書物なので、「辰王は三韓の王というよりは、馬韓の月氏国に都を置き、弁韓・辰韓二四カ国のうち一二ヵ国が服属していた王」という事だと考える。その辰王は「三韓以外の地から流移してきた人だったので、馬韓の承認を得なければ、自ら立って王となれなかったが、王位は世襲している。」という意味に解釈出来る。しかし、辰王はこれらの書物以外には書かれてはいない。邪馬台国同様に中国が動乱の時代に入ったため、その後の記録が残されていなく、「魏志」の文章が難解でしかも文章が短く、辰王は魏から臣智或いは以下の長い名前の号を授かり、臣下も魏王朝から官名を授かっているという記事にもかかわらず、辰王が実在していたかが疑われていた。

しかし、江上氏は百済最後の王「夫余隆」の墓碑銘に「百済辰朝の人なり」とあるのを発見して、辰王の実在を証明したと言える。その上、百済王家は夫余族出身なので、当然辰王も夫余族だということになり、「流移の人」の正体が北方騎馬民族の夫余族だと判明した。これが、一九八〇年代になってからのことである。また今日では「魏志」・「魏略」・「後漢書」に記されている辰王の実在を疑う歴史家は少なく、辰王は実在していたと考えられている。

その上に、八〇年代からの、韓国での旧弁韓の地、すなわち加耶（加羅）の古墳発掘が進み、騎馬民族文化が三世紀終わり頃には加耶（加羅）の地に及んでいたことが判明してきた。かつて三韓時代の弁韓の狗邪《くや》韓国であった、「金官加耶（加羅）国」の王の墓がある「大成洞古墳群」（金海市）から、三世紀終わり頃から北方騎馬民族文化の、騎馬用甲冑・馬具・蒙古鉢形冑・珪甲・轡《くつわ》などの北方騎馬民族文化の副葬品が突然出土し始めていると、「大成洞古墳群」を発掘・調査している韓国慶星大学教授　申敬澈《シンギョンチョル》氏の報告がある。

しかもこれは、単なる北方騎馬文化の流入だけとは思えず、騎馬文化を伴った古墳は前の支配者の古墳を破壊した上に築造されており、明らかに支配者の交代、すなわち征服の痕跡がある。三世紀末にこの近くにいた騎馬民族は、馬韓の月子国に都を置いていた辰朝であり、その一族が弁韓の狗邪韓国に移動して新王朝を拓いたと思える。そう思わせるものの根拠に「魏志」では、辰王が魏より授けられた臣智或いは以下に書かれている長い称号の中に、後の安羅と見られる「安邪」と共に「狗邪」の地名も見られ、「狗邪」

は辰王の服属地域であったからである。かつての狗邪韓国は金官加耶国となり、この国は前期加耶連盟の盟主であり、加耶の有力国であった。

以上から、井上氏が疑問を呈したが、「北方騎馬民族である夫余族の辰王が、弁辰の支配者になったことは立証」される。

＊「ミマキイリヒコ」の征服への文献上の疑問

井上氏は続いて次の疑問を投げかけている。以下引用する。

「江上氏の所論でさらに致命的なことは、崇神天皇《ミマキイリヒコ》を、海をこえて日本に渡ってきた征服者と見立てたことである。このことは、考古学的にも文献的にも、はなはだしく疑問である。」

崇神天皇とは単一の人格ではなくても理論的には構わないので、「ミマキイリヒコ」という伝承を持つ人物への疑問とする。まず、文献での疑問とは次のとおりである。「記・紀に見える崇神天皇の人物像と事績には、海外からの征服者としてのおもかげがまったくないからである。」と疑問を呈した。ところが、「日本書紀」にその面影があった。「日本書紀」上　全現代語訳（講談社学術文庫）より引用する。まず崇神天皇一二年条には何故、肇国天皇というのか、そのいわれを述べた後、注目すべき文章がある。

「これによって天神地祇ともに和やかに、風雨も時を得て百穀もよく実り、家々には人や物が充足され、天下は平穏になった。そこで天皇を誉めたたえて『御肇国天皇《はつくにしらすすめらみこと》』という。」これに続いて一七年条が書かれている。「十七年秋七月一日、詔して『船は天下の大切なものである。いま海辺の民は船がないので献上物を運ぶのに苦しんでいる。それで国々に命じて船を造らせよ』といわれた。冬十月、初めて船舶を造った。」

肇国天皇《ハツクニシラススメラミコト》のいわれを記したすぐ後に「諸国に命じて船を作らせ、初めて船を造った」人物だと書かれている。肇国天皇が「記・紀」では「ミマキイリヒコ」という名前であり、加耶（任那）から筑紫を征服するには、大量の船舶が必要となるから、当然「船を作らせた」という伝承が残ったと思われる。しかも神武天皇が船で大和を攻めた伝承のかなり後の人物が、「初めて船を造った」という奇妙な伝承であり、「初めて船を造った」ということは、別の意味が転化したと思われ、船が重要になる伝承を持っている人物という事になる。つまり、「ハツクニシラススメラミコト」の「肇国事業」には船が重要だったということであり、「ハツクニシラススメラミコト」は、海を渡った天皇だったと解釈出来る。

この様に、崇神天皇の「記・紀」での伝承には、十分に海外からの征服者としての面影を持っていると私は考える。

さらに崇神天皇の次の垂仁天皇紀には、興味深いことが書かれている。崇神天皇六五年条に任那国が朝貢にきたことが書かれ、垂仁天皇二年にこの任那の使者が帰国した事が書かれている。この本文（垂仁天皇二年条）のあとの「一云《あるいは》く」に長文が書かれており、そこでは任那の使者ではなく意富加羅《おおから》の国の王子が崇神天皇の代になり帰化したという。垂仁天皇に従えて三年が経ち、天皇は自分の国に帰りたいかと問うたところ、帰りたいとその王子が答えた。それで天皇は意富加羅《おおから》の国へ帰国させることにし、国の名を先皇の御間城天皇《みまきのすめらみこと》の名をとり国名を改めさせた。「弥摩那国《みまなのくに》」というのは、これ故だ「其是之縁也」と書いてある。

人の名前から土地の名になるのは明らかに通則から反しており、人名と土地の名の関係の通則は、土地の名前をとって人名とする。この記事は、ミマキイリヒコという崇神天皇の名前のいわれに関する伝承が、逆に転化したものではなかろうか。なお、「日本と朝鮮半島二〇〇〇年　上」（NHK出版）所収の森公章氏のコラムによると、この二つの伝承は同事異伝と考えられるとして、意富加羅《おおから》とは「任那」の事で、これは「三国遺事」巻二所収「駕洛国記」の大駕洛《おおから》、すなわち金官国（金官加耶）に他ならないとしている。

＊　ミマキイリヒコの征服への考古学からの疑問

井上氏は氏と同じような疑問を抱いた、小林行雄氏の言を次のように引いて、考古学からの疑問では、誰もが抱くであろうことを指摘している。

「だから、江上氏のように四世紀はじめの崇神天皇が征服者であったと考えると、前期古墳の時代に騎馬の風習が行われていないという事実と矛盾してしまうのである。」

この疑問に対して、江上氏は前の章で紹介した「あとがき」で、騎馬民族文化が「5世紀初めごろまず北九州（筑紫）までもたらされ」と書いたのは、今までミッシングリンクだとしていた自説の一部分を修正したからだと述べた。また、「あとがき」の「韓倭連合国」という表記の変更からも、筑紫を征服しても、都は加耶（任那）に据え置いたままで、筑紫地方の征服を期に邪馬台国の王達が称していた「倭王」を名乗ったという私の推論を書いた。そのように自説を修正したと思われ、加耶（任那）に都を据え置いたままであれば、当然騎馬民族文化は遷都の時期まで、北九州に遺跡はほとんどないことになり、前期古墳文化には騎馬の風習が行われていなく、古墳時代中期からであっても江上説は成り立つことになる。つまり、江上氏はこのような指摘を受けて、過去にも自説を修正しながら自らの説を構築してきたが、晩年にも、加耶まで騎馬民族文化が及んでいることを確認して、自説を修正したと思われる。私は、「騎馬民族国家」（中公文庫）の「あとがき」から推測して、筑紫地方は征服しても都は加耶（任那）に据え置いたと、考えを修正したと考えている。

なお江上氏が、改版の「あとがき」で、騎馬文化が「5世紀初めごろまず北九州（筑紫）までもたらされ」と書き、その痕跡は福岡市老司古墳、旧甘木市（現朝倉市）の池の上古墳で実証されたとしている。池の上古墳は甘木中学校建設に伴い昭和五六年~五八年に発掘調査が行われ、四世紀後半から五世紀中頃の墳墓群であり、五世紀になると加耶式硬質土器（倭で制作された須恵器とは別物）が大量に出土している。馬具である轡《くつわ》も出土しており、墳墓群には、朝鮮半島南部の女性墓と共通する葬送習俗の見られるものもあり、加耶から移住してきた人の墓と推定されている。しかし、王墓の規模としては小さく王墓とは言えない。また、老司古墳からも騎馬文化は発掘されているが、発掘された人骨は、縄文人的特徴をも有している点で「弥生時代以来の混血を経た形質」であり、渡来系の首長ではないとされている。

以上から日本列島で「騎馬文化がまず北九州にもたらされた」ことを「実証」するのみで、筑紫に都があったことを「実証」するものではない。


筑紫を征服したから、都は当然筑紫に遷都したと考えるのは私たち日本人の先入観であって、征服者たちにとっての必然性は乏しかったと思われる。四世紀の朝鮮半島と、日本列島の文化水準ははるかに朝鮮半島の方が進んでいたし、夫余族が根拠地を築いた旧弁韓の地は貴重な鉄の産地であり、鉄の産地の近くにある都を遷すには、それなりの理由がなければならない。しかも、先ほど紹介した金海市にある大成洞古墳群（金官加耶・旧狗邪韓国）に騎馬民族文化が現れるのは三世紀終わり頃からであり、江上氏は、旧狗邪韓国などの半島や多島海に居住する倭人の協力を得て筑紫を征服したのは四世紀前半と述べている。せっかく築いた都を、文化的先進地域である朝鮮半島から、後進地域の筑紫へ早期に遷す必然性はなかったと考えるべきである。

四世紀には筑紫に「韓倭連合国」の都があったわけではないので、当然前期古墳の時代に騎馬の風習が無かったとしても、騎馬民族征服王朝説は揺るがない。

(ロ) その他の否定説について

考古学からの江上説への疑問は数多くある。代表的なのは騎馬文化だけが来たのであって、民族の移動はなかったとする説である。これについては江上氏自身が、自著「騎馬民族国家」（中公新書）で「東北アジア系文化の輸入説について」と反論しており、この反論に対する反論もある。江上氏はマクロ的な視点で歴史を捉えるが、ミクロだけを取り出すと反論は可能だろう。しかし、今日までの遺跡の発掘で騎馬民族文化の全てを完全に伴ってはいないとしても、騎馬民族の移動は説明可能であり、そのことのみをもって、民族の移動を否定する根拠とはなりえない。

ましてや、肝心要の天皇陵とされる古墳が発掘出来ない状況下で、騎馬文化だけが来たのであり、騎馬民族は来なかったと断定するのは論理的に無理がある。大切なのは「来た」・「来ない」ではなく、「空白の四世紀」を埋めて、どのようにして大和朝廷（王権）が生まれたのか、歴史を再構築する作業だと思う。

なお、日本の国家的祭祀儀礼に馬の犠牲があったという痕跡（史料）は無く、そのことをもって騎馬民族征服王朝説を否定する説がある。しかし、中国の清朝や金朝を建てた騎馬民族であるツングース族には、もともとそのような習俗の痕跡（史料）が無いという（西嶋定生著「古代東アジア世界と日本」岩波現代文庫より）。朝鮮半島に来た夫余族もツングース族であり、当然江上説の騎馬民族も夫余族で元々馬の犠牲という文化を持ち合わせていないのだから、日本に馬の犠牲の文化の痕跡（史料）が無かったとしても、江上説は揺るがない。

＊小沢一郎氏の韓国での講演に対する誹謗

ネットで騎馬民族説を検索してどのような反論があるかを調べてみた。ネットという特性もあるのだろうが、かなり感情的な反論が多かった。天皇が朝鮮から来たなどというのは売国奴と言わんばかりのものもあった。その中に、小沢一郎氏の韓国での講演を紹介したものがあった。講演の筆起こしとVTRがあった。

要するに小沢氏が戦前の植民地支配の歴史にお詫びをして、江上氏の騎馬民族説を紹介し自分もこの説を支持していると話した。更に天皇陛下の話として桓武天皇の母が百済王家の子孫だと話していることを紹介しただけである。この中で自民党幹事長時代に江上氏から仁徳陵の発掘が出来ないかと持ちかけられたことも話していて興味を抱いた。それはさて置き、要するに騎馬民族説を支持することがけしからんと言うのである。そしてこのような人物が出てくるのは戦後教育の誤りからだとしていた。

VTRでもこの小沢講演を激しく批判して、このような人物が日本の指導者であることは嘆かわしいと言う。VTRはテレビ放映されたもので、ネットでよく登場するいわゆるネット右翼ではない。しかし、騎馬民族説を支持するという事が、売国奴扱いである。少し信じられないが、これが世論の一部である。日本という国は、万世一系の現人神であられる天皇陛下が支配する神国である、とする戦前の皇国史観に反する事を口にするのは国賊扱いである。

なお、桓武天皇の母親は高野新笠といわれる方で、百済の武寧王の子孫であることは「続日本紀」に書かれてあることで、昭和天皇が二〇〇一年一二月の六八歳の天皇誕生日の記者会見でこの事を述べておられる。確かその頃に、皇太子殿下も韓国訪問の際に口にされたと記憶している。この時の日本のマスコミ報道も少し異様だった記憶がある。

このネットを見て、この前の衆議院選挙で石原慎太郎氏が多摩センター駅前でしていた街頭演説を思い出した。「これが最後です。これだけは覚えておいてもらいたい」として話したのは以下の要旨である。「日本は有色人種で唯一、自力で近代化を遂げた特別な国です。他のアジア諸国は自力では近代化できなかったが、日本だけは特別で、自力で近代化ができた特別な国なのです」。要するに日本民族は優秀で、日本国は特別だと言うのである。こういうのが皇国史観だと思った。万世一系の天皇陛下が統治してきた国で、大和民族と日本国は特別な国であるというイデオロギーというか、信仰にも近い考え方で、戦前までは、天皇は現人神《あらひとかみ》であり、当然な歴史とされていた。戦後いち早く天皇ご自身が人間宣言を行い、皇国史観はなくなったはずだが、私はこの演説を聞いて、今日でもこういう人物がいるのかと思い唖然とした。しかし、このような考えの人物が、東京都知事だったのである。

おそらく多くの日本人には、濃淡の差はあれ、皇国史観が刷り込まれていると思う。このイデオロギーはナチスドイツのアーリア民族（人種）優秀説と同じくらいに危険なのは、頭の中では承知していても、居心地がよく満足感に浸れる考え方なので、頭の片隅に住み着いてしまっているのではなかろうか。

騎馬民族征服王朝説は、このような歴史観とは相容れないので、感情的な反論があるのだろうと思う。しかし、日本国は、奈良盆地東南部のヤマト地方（纏向遺跡などがある、三輪山の付近）から社会進化して、大和朝廷になったことは証明されていない。単に、「日本書紀」ではそのように解釈出来る記載があり、その解釈を通説としているに過ぎない。

そもそも、「日本書紀」はその書かれた時代背景（倭国から日本国への名称変更や、律令国家の構築）から、一定の「構想」に基づき書かれたもので、天皇家も含めて、諸豪族に伝わる伝承を一本化して、強固な統一国家を創る為の一助とする目的を持って編纂された。その「構想」とは、「日本列島は大八州《オオヤシマ》の日向への天孫降臨以来、万世一系の天孫である天皇が治める国で、天皇は大八州《オオヤシマ》と三韓の指導者になった」というストーリーで、このストーリーに、それまで諸家に伝わる伝承を一本化しようという試みであった。

しかし、「日本書紀」の中には、このストーリー・「構想」から逸脱している事が読み取れる史料も散見される。例えて言うならば、最近冤罪事件で問題になっている検察の一定の「構想」に基づく捜査である。検察は一定の「構想」に基づき事件を立証しようとしているが、その検察の「構想」を立証すべき法廷に提出された証拠にほころびがある事に似ている。つまり、それぞれが一族の謂われの伝承をもつ諸豪族らに、納得させるべき書物を意図し、約四〇年を要して完成したが、判決後（つまり後世）の検証では、「ほころび」というか、「構想」から外れている真実の痕跡があるという事だと思う。

通説には、まだまだ謎がある。騎馬民族征服王朝説を反論する側も反論するだけではなく、大和朝廷（王権）の成立過程を自明のこととするのではなく、自明のこととされている事に潜んでいる疑問点を整理して、大和朝廷（王権）成立過程論を構築する必要があると思っている。

2節 七支刀銘文に刻まれた「倭王」と「謎の候王」

七支刀については、2章の2節で書いたが、その目的は倭・百済同盟の年を明確にすることが主だった。しかし、議論になっているのは同盟の年だけではなく、七支刀は倭王への朝貢品か、下賜品かという点でも議論があった。なぜその議論になるかというと、表に「候王」という文字が刻まれており、この「候王」が謎のままにされているからであった。

もう一度2章2節の部分を引用する。

（表）秦和四年六月十一日丙午正陽　造百練鉄七支刀
　以辟百兵　宜供候王　□□□□作
（裏）先生以来未有此刀　百済王　世子奇生聖音
　故為倭王旨造　伝示後世

□は判読出来ないほど剥落している箇所であるが、井上光貞氏は中央公論社の「日本の歴史」で、だいたいつぎのような意味であろうとしている。

（表）「泰和四年六月十一日丙午の日の正陽、鍛えに鍛えた鉄でこの七支刀をつくりました。敵の兵力をことごとく破ることができる霊刀であります。候王にさしあげたいとおもいます。」

（裏）「百済王ならびに世子の奇生聖音（後の貴須王）は、倭王のおんために昔からまだ見たことのないこの刀を、つくりました。願わくば、後世まで伝えられんことを」

裏の読み方については、異説がある「音」の字を「晋」として、「百済王世子、すなわち貴須は、晋の聖世に生まれあわせたことを有り難く思い、特に倭王のために命令して（旨）この刀を造らせ、後の世までの記念とした」という解釈を岡田英弘氏は著書「倭国」で採っている。

素直に読めば、表の「候王」とは、裏の「倭王」のことを指していると思うし、七支刀は大切な同盟を記念する貴重な贈答品と思える。しかし、「日本書紀」では朝貢品となっているので、日本の学会では朝貢品と捉えるのが主流だった。しかし、「候王」とは大名クラスの王という意味で、百済王が格下の倭王に朝貢するのはおかしな話だ。これでは韓国の学会が納得出来るはずもなく、下賜品だという解釈が出始めて議論となった。

裏の「倭王旨」とは、素直に読めば「倭王の要請で」となると思うが、岡田氏のように、「倭王の命令で」という解釈や、「旨」を倭王の固有名詞とする説がある。このような解釈は七支刀を百済王からの朝貢品と捉えるところから来る解釈だと思う。

私は下賜か朝貢かということではなく、この同盟は両国にとって大切な同盟だったので、百済王は倭王の望みに応じて貴重な贈答品をつくり贈ったと素直に読めば良いと思う。

しかし、表面の「候王」とは裏面の「倭王」の事としか解釈出来ず、百済王より格下の王となっているのはなぜだろう。この問題は日本の歴史学界では「謎」のままに取り残されている。当時の百済は前にも書いたように、高句麗との戦いには二度とも勝利しており、この同盟の三年後だが、東晋から鎮東将軍に除正されている国だった。倭の方は、もしこの倭王が大和にいて近畿地方と北九州地方を統合していた倭王だったら、かなりの大国であり、「候王」とされる事は考えづらい。

これに対しては表面に刻まれている「候王」とは百済王の事であり、表面は百済を除正した晋朝の立場で書かれているという解釈等がある。いずれも「候王」は「倭王」では無いとしており、このような解釈は、七支刀は百済からの朝貢品ということに、あまりにもこだわり過ぎるゆえの解釈と言わざるを得ない。

江上説によると三六九年の同盟当時は、未だ北九州に侵入して間もない新興国である「韓倭連合国」の「倭王」で、この王の支配する地域は広く見積もっても、旧弁韓の一二カ国と、旧邪馬台国連合の二九カ国の合計四一カ国（日向にあったと思われる投馬国は除く）で、百済は広く見積もって旧馬韓の地・凡そ五〇余国（魏志韓伝による）で、支配する地域は百済の方が多かったかもしれない。しかも、伝統ある「倭王」を名乗っていても新興国の王にすぎず、都は旧弁韓の地にあったとすれば、旧馬韓の地を概ね統一した百済からすると「加耶における倭王」にしか過ぎず、候王と呼んでも不思議はない。

しかし、同盟から二二年後の三九一年になると、「倭が百済を『連れ込んで』新羅を破り、臣民とする」（広開土王碑文）程に倭王の力が増大してきた。おそらく、北部九州一帯をその支配下に置くほどになり、倭と百済の同盟は対等な関係から、後の「倭の五王」が百済を自らの勢力圏と主張するような関係へと変化していったが、同盟当時は新興国の「加耶における倭王」にしか過ぎなかったので、「侯王」と刻まれているのだと考える。

三六九年当時に百済が倭と同盟をするのは、倭が強大だったからというよりも、「倭王」は百済の東南に隣接する金官加耶（加羅）に都を持っているという、地の利が百済にとり魅力だったからだと考える。そのように解釈すると銘文に刻まれている「侯王」が理解出来る。そして「倭王」が「侯王」とされている事から推測出来ることは、「韓倭連合国」はまだ新興国であり、夫余族つまり金官加耶国王の筑紫侵攻は、四世紀前半のかなり遅い頃だったと推測されることだ。この筑紫征圧を期に、金官加耶国王は倭王に名を改めたと考えている。

私は邪馬台国九州説をとり、自説をホームページで書いたが、韓倭連合軍が筑紫地方へ侵入した時に邪馬台国はどうなっていたであろうか。

四世紀前半の北九州では、三一三年の楽浪郡と帯方郡の滅亡は親魏倭王の称号を持つ邪馬台国女王にとって、致命的だったと思われる。理由は、中国の後ろ盾を失って、倭では製鉄出来なかった「鉄」の安定的供給が受けられなくなってしまったからだ。しかも、二郡滅亡の頃には、年齢的に見て女王壱与（台与）が死亡したと推測出来、筑紫地方の旧邪馬台国連合は混乱の時代に入ったと思える。魏志倭人伝は二四七年の記載で終わり、卑弥呼が死に国が乱れ、壱与（台与）が女王になって国が治まったと書いてあるが、年齢は一三歳と書いてあるだけで、即位の年がわからない。私は卑弥呼死後の混乱があるので即位は二五〇年頃だと推測するので、楽浪郡の滅亡の時、壱与（台与）は生きていれば七六歳になる。楽浪郡滅亡の頃に女王壱与（台与）が死に、邪馬台国連合は卑弥呼の死後同様に、再び混乱に陥ったものと思われる。

その後韓倭連合軍が筑紫に侵入したと思われ、その時期は四世紀前半の遅い時期だとすると、征服というよりは、大きな戦争を伴わない侵入だったと思う。理由は夫余族の王は「鉄」の産地である旧弁韓の地を押さえており、筑紫地方では邪馬台国連合は分裂し混乱状態が続いていたと思われるからだ。打ち続く混乱で疲弊した旧邪馬台国連合の諸国にとっては、「鉄」を安定的に供給出来る王による、それまでのシャーマニズムよる宗教的権威ではなく、武力による地域の安定はたいして抵抗すべきものではなかったと思われる。

江上氏は、筑紫へは「侵入」という言葉を使い、畿内へは「進出」という言葉を使っており、征服という言葉は使っていない。私も征服というような、大きな戦争をイメージするようなことはなかったと考えている。夫余族は「鉄」の産地であり倭人も住む旧弁韓の地域を征圧した。この征圧には貴重な「鉄」資源の争奪戦であり、征服戦争はあったかもしれない。先ほど述べた大成洞古墳群は、これを推測させる痕跡が残されている。しかし、この地を征圧したあとはごく自然な成り行きで、つまり打ち続く混乱で疲弊した筑紫の倭人の国と旧弁韓の地に住む倭人との連絡網で、筑紫地方の征圧は比較的スムースに行われたのではなかろうか。征服をイメージさせるような遺跡は見つかっていない。この侵入は、韓倭連合軍であり、長年の通商で慣れ親しんだ旧狗邪韓国などの倭人もいて、夫余族だけの軍でなかったことも、旧邪馬台国連合諸国の抵抗を少なくしたと思われる。

3節　金官加耶国王が五世紀初～前葉に日本へ移動

二〇〇〇年になり韓国から注目すべき貴重な提言がされた。釜山市とは洛東江を挟んで西にある金海市にある大成洞古墳群の調査報告書である。この提言は古代日本史にもかかわるものであった。まずこの提言を知る前に書いた私の文書から述べていく。

金官加耶（加羅）があった大成洞古墳群（金海市）は、旧狗邪《くや》韓国のあった土地で、三世紀の終わり頃以後に、騎馬用甲冑・馬具・蒙古鉢形冑・珪甲・轡《くつわ》などの北方騎馬民族文化の副葬品が出土している。そして、騎馬文化を副葬する王たちの墓は、前の支配者の墓を破壊してその上に造られており、騎馬民族の墓制である木槨墓に葬られている。この騎馬文化の源流は夫余族と推定されており、前の支配者の墓を破壊して自分たちの墓を築造していることから、何等かの征服があったことを窺わせている。ここまでは、先ほど述べた。

ところが、この金官加耶（加羅）では、騎馬民族の墓制である木槨墓を最後に五世紀前葉以降は王の墳墓が築造されていない。つまり王がいなくなった。先ほど紹介した大成洞古墳群を長年にわたり発掘調査してきた韓国の申《シン》教授は、「五世紀前葉に金海大成洞の集団が、突然行方知らずになった」と述べており、「日本列島への集団移住も否定できない」としている。理由は、集団失踪した五世紀前葉と全く同じ時期に、日本列島の古墳は騎馬文化を伴った中期古墳時代に急激に変わり、同じ時期であり、中期古墳文化への急激な変化をもたらしたのは、大成洞古墳群の集団とすることも考えられるからだ。

夫余族は辰王の都があった月氏国から南下をして、旧弁韓諸国の中で夫余族が都をおいた地は、金官加耶（加羅）・旧狗邪韓国と思われると先ほど書いた。その地には三世紀から倭人が住んでいた事が「魏志東夷伝」から判明している。そこにある大成洞古墳群から近年判明したことは、五世紀前葉に、王が突然行方不明になり「集団が行方知らずになった」事である。遺跡からはっきりしているのは、この行方不明になった集団は前の支配者の古墳を破壊した跡に自分たちの墓を築造しており、かなり強力な武力を保有していたと思われる。事実今日の考古学や歴史学では、金官加耶国は前期加耶連盟の盟主としている。つまり、強力な武力を持つ集団に放逐されたわけではなく、何等かの内部の事情で、どこかわからない場所へ突然移動してしまった。

そして申《シン》教授は、金官加耶（加羅）の四世紀の遺跡からは、近畿地方の遺物が多く発見されると述べている。近畿地方の豪族が、金官加耶（加羅）の鉄を求めるための見返り品、つまり貿易の対価の遺物である。この貿易により、金官加耶（加羅）の王たちは、近畿地方の情勢に明るくなったと推測される。当時の大阪平野は広大だが、奈良盆地に比較してまだまだ未開の土地であったことを、知っていたとしても不思議ではない。謎であるが、江上氏の説である「韓倭連合国」の都は、金官加耶（加羅）にあったはずで、その王たちが日本列島の河内へ集団移住して、巨大な応神・仁徳陵を築いたとも考えられる。

更に二〇〇〇年になり、大成洞古墳群の発掘調査報告書である「金海大成洞古墳群Ⅰ」（慶星大学校博物館）が発行された。そこでは発掘を推進した申敬澈《シンギョンチョル》氏はかねてよりの持論をまとめて、注目すべき提言をしている事を最近知った。それによると、大成洞古墳群で王墓が築造されなくなるのは、五世紀初～前葉であり、王墓が築かれなくなるのは、事実上の金官国の滅亡であり、それを盟主とする前期加耶連盟も瓦解した。その理由は金官国王は自国の住民のみならず、金官国と関わりを持った慶尚南道西部地域や全羅南道の栄山江流域の民を巻き込み、日本列島への移動が起こったという提言であり、古墳が築かれなくなり、移動が起こった理由として高句麗の加耶侵攻などをあげているという。以上は、田中俊明著「古代日本と加耶」（山川出版社）に書かれてあった。

事実上の金官国の滅亡とは、金官国王が金官国からいなくなったから起きたことであり、前期加耶連盟の崩壊の理由としても説得力がある。しかし、金官加耶国の滅亡は文献的には五三二年の事とされており、五三二年まであった金官国とは何であり、それと日本へ移動した金官加耶国との関係の解明が今後必要であろう。五世紀初頭に、高句麗により金官国まで追われたのは「倭」であったが、当然金官国は高句麗により攻撃を受けており、その後の時期に金官国王が日本列島へ移動した事は充分に考えられる。その金官国王とは、騎馬民族征服王朝説に従うならば「韓倭連合国」の倭王となり、江上説でいうところの応神天皇（私は後程説明する応神・仁徳同一人物説により仁徳天皇とする）の河内への東遷となる。

「韓倭連合国」の都は高句麗に襲われるまでは金官加耶（加羅）にあり、襲われた後に、河内へ遷都したと先に書いた。江上氏はこの河内遷都の時に大伴・中臣・久米などの諸氏族を伴っていたと述べており、申《シン》氏は、金官国の民のみならず、慶尚南道西部地域や全羅南道の栄山江流域の民を巻き込み、日本列島への移動が起こったと述べており、両氏の述べている事は概ね一致している。江上氏の説が二一世紀になり、韓国から有力な傍証を得たと言える。

五世紀前葉に畿内に多くの渡来人の来入があった事は日本史での通説であり、このようなことは充分に考えられるが、金官国は前期加耶連盟の盟主であり、このような大国の国王が、自国民のみならず周辺の民を伴って大移動があったとすると、従来の通説以上に大規模な渡来人の来入である。日本の側にも何らかの大規模な痕跡を残しているはずだと思われる。それがあった。

実は二一世紀になり江上説はもう一つ有力な傍証を得ることになるが、それは氏姓制度の二元性であり、これが、日本史側での金官加耶国王達の移動の痕跡と思われる。六世紀の氏姓制度の二元性は、外来文化を持った氏族グループと、土着文化を持った氏族グループとの二元性である事が判明してきたのである。つまり五世紀に新しい外来文化を持った豪族（氏族）が来入したことの痕跡と思われる。そしてこの痕跡は騎馬民族征服王朝の痕跡でもある。これらについては次章で述べる。

この申敬澈《シンギョンチョル》氏の提言は、日本史の側からすると大規模な渡来人の来入とすることも可能かもしれないが、かなり大規模な来入とすべきで、江上説により解釈していく方が良い。何故ならば高句麗が滅亡した際に、高句麗王たちは日本へ移住して武蔵の国に高麗郡を築いている。滅亡した国の亡命でも一郡を築くほどの規模である。ましてや、滅亡したわけでもない前期加耶連盟の盟主・金官加耶国王が自国民のみならず、周辺の民も巻き込んで日本へ移住したとすると、その規模は一国を築くほどの規模であったとすべきだからである。

つまり、江上説による韓倭連合国の河内への遷都、言葉を替えれば、河内での新政権樹立という解釈が、金官加耶国王たちの日本列島への移動の解釈として最も合理的である。しかしネックとなる事がある。江上氏は遷都の時期を四世紀末から五世紀初めとしている事である。申《シン》氏は金官国の事実上の滅亡、すなわち日本列島への移動は五世紀初～前葉と述べており、江上説により解釈していくためには、江上説の修正が必要となってくる。具体的には、倭が高句麗に敗北した四〇四年から倭の五王の「讃」が宋に入貢した四二一年までの間に、河内に遷都したと修正が必要となる。

実は私は申敬澈《シンギョンチョル》氏の提言を知る前に、この修正を終えており、四世紀末から五世紀初めとされている河内遷都の時期の内、四世紀末はありえないという結論を得ていた。

この修正作業は五世紀の問題になるので、「倭の五王」問題に絡んでくる。倭の五王については次の節で述べるので、以下簡単に述べる。まず五世紀初～前葉とするためには、有力な学説である応神・仁徳同一人物説を採る。更に、倭王「讃」は履中天皇説と仁徳天皇説があり、通説とされるものは無いが仁徳天皇説を採る。この両説を採用することにより、江上氏が応神天皇により四世紀末から五世紀初めに韓倭連合国の河内進出があったとしていた説は、仁徳天皇によって五世紀初～前葉に河内進出があったという説に修正される。

4節 「宋書倭国伝」の倭の五王と、東遷について

(イ)「日本書紀」に記載がない理由と、上表文の真意

＊ なぜ高句麗のことを、寇讎《こうしゅう》と書いているのか

広開土王碑に次ぐ倭に関する文書は、「晋書」安帝紀で四一三年に倭が貢物を献ずるとあるが、これについては怪しいところがあると先に書いた。次いで「宋書」倭国伝が四二一年から四七八年までに五人の倭国王が宋へ使いを出したと記載されている。いわゆる「倭の五王」である。しかしこの事は「日本書紀」には一切書かれていない。「百済記」や「魏志倭人伝」など外国の文書を引用する「日本書紀」に記載がないのは、「宋書」がまだ日本に伝わっていなかったと考えるのは不自然で、別な理由だと思われる。

一般的には、「倭の五王」が中国の冊封《さくほう》を望んでいる事が、天孫降臨以来ずっと万世一系の天皇を中心とする、朝鮮半島を含む小天下を構想する「日本書紀」の編纂方針から外れて、中国の天下に組み入れられてしまう行為なので、「日本書紀」に採用されなかったと理解されている。確かに冊封を受けるというのは、当時の日本の外交方針から外れており、それも一つの理由だと思うが、それだけだろうか。

私は高句麗に関することも、その一因だったと思っている。神功皇后の三韓征討では百済・新羅・高句麗は倭の軍門に降ったことになっている。「日本書紀」が抱いた構想は、広く三韓の指導者である天皇であった。そして神功皇后の伝承の三韓とは高句麗を含むのに（奇妙なことに任那は含まれていない）、倭の五王が除正を求めている官爵の将軍号には高句麗が抜けている。しかも中国から認められた将軍号には、百済も認められていない。これも国辱として「宋書」を史料としなかったのではなかろうか。

それにしても不思議なのは、四世紀末と五世紀初頭に倭は高句麗に惨敗を喫しているのに、神功皇后の三韓征討伝承は、新羅だけではなく高句麗も倭の軍門に降ったとしている。高句麗に惨敗した事実を隠ぺいするだけではなく、全く逆なことが書かれているということは、「日本書紀」編纂の時期までは、神功皇后の伝承がなかったということだと考えている。つまり、高句麗に惨敗を喫した四〇〇年と四〇四年の対高句麗戦は、敗戦の伝承はかなり後まで残っていたはずで、この伝承が残っている間は神功皇后説話が生まれる余地はなかったと思われる。神功皇后説話は、かなり時代は下って高句麗も貢納国となってからの物語であり、「日本書紀」編纂に当たって作られた物語であろう。

さらにもう一つの理由として、有名な倭王「武」の上表文があると考えている。2章の1節に書いたが、再掲する。

「臣が亡考（亡き父）済、実に寇讎《こうしゅう》の天路（中国への道）を壅塞《ようそく》するを忿《いか》り、控弦《こうげん》百万、義声に感激し、方《まさ》に大挙せんと欲せしも、奄《にわ》かに父兄を喪《うしな》い、垂成の功をして一簣《き》を獲ざらしむ。」

要するに武（雄略天皇）の父済（允恭天皇か）は、大軍をもって高句麗を討とうとしていたことを書いているのだが、仇である高句麗を「寇讎《こうしゅう》」と書いている。高句麗を討つ理由は前段で宋朝のためだと書いているが、本音は仇討ちで、攻められたことへの復讐だという事を示している。これは、亡き父の念願だった四〇〇年と四〇四年の惨敗の復讐戦を行いたいので、中国皇帝の力添えを願って官爵を求めた上表文だと解釈する。

ところが、この上表文の真意を私のように解釈している人は少ないようだ。倭王「武」は高句麗を征討する強烈な自己主張のために、高句麗の討伐は父王「済」からの念願だったと誇張しているという解釈がある。確かに父王「済」が高句麗征討を願った理由を述べているくだりは、明らかに作文にしか過ぎないが、高句麗を「寇讎《こうしゅう》」とする文字に本当の理由が述べられている。

「寇讎《こうしゅう》」と書いてあるが、日本列島は元寇のように高句麗から襲われてはいない。大きな謎だと思うが、「寇讎《こうしゅう》」について解説した書物を私はまだ見たことがない。襲われたのは四〇〇年の戦いでの「任那加羅」であることが注目される。後の修正された江上説に従うならば、四〇〇年当時そこは、倭王の都があった土地である。四〇〇年当時の倭とは、「韓倭連合国」であり、「武」（雄略天皇）の父「済」（允恭天皇か）が抱いた「寇讎《こうしゅう》」とは、金官加耶（加羅）すなわち、都が襲われたことへの復讎であり、高句麗戦は仇討戦と理解出来る。上表文の父王である倭王「済」が宋へ朝貢したのは四四三年のことであり、金官加耶（加羅）が高句麗に襲われた僅か四三年後のことで、その可能性は高い。

宋書は、倭が高句麗に襲われたことを記載してあり、これは国辱である。宋書はこの国辱を記載した文書であることも、「日本書紀」に採用しなかった理由の一つだと思う。上表分は亡き父の悲願である、まさにこの国辱の復讎戦で勝利を得たいから、宋の除正を求めていると解釈する。

上表文の大意を、講談社学術文庫「日本の歴史03」（熊谷公男著）から引用しておく。

第一段　祖先の征服戦争　倭国は中国から遠く離れたところにあって、皇帝陛下の藩屏《はんぺい》となっております。「昔より祖禰《そでい》躬《みずか》ら甲冑をつらぬき、山川を跋渉し、寧処に遑《いとま》あらず（先祖の代から征服戦争に明け暮れ、山河を歩きまわってやすむいともありませんでした）。東のかた毛人を征すること五十五国、西のかた衆夷を服すること六十六国、渡りて海北（朝鮮半島）を平ぐること九十五国」。これによって、皇帝陛下の天下は泰平で、その支配が遠くまで及ぶようになりました。

第二段　高句麗の無道　王位についた自分は、「統《す》ぶる所を駆率《くそつ》し、天極に帰崇し」（部下を利いて、天下の中心である皇帝陛下に帰順し）、百済経由で朝貢しようとしました。ところが無道な高句麗は、隣国侵略の野心があり、辺境の民びとに危害を加え、殺戮をやめようとしません。そのため朝貢がとどこおってしまいました。

第三段　高句麗征討の悲願　亡き父の済は、この仇敵の高句麗が宋朝への朝貢の道をさえぎっていることに怒り、百万の兵で大挙して高句麗を討とうとしましたが、突然、その父と兄の興が相ついで亡くなり、あと一歩のところで悲願を成就できませんでした。

第四段　高句麗征討の決意表明と官爵の要求　ようやく喪も明けたいま、軍備をととのえて、父と兄の遺志を継ぎたいと思います。皇帝陛下の徳の威光を蒙りまして、この強敵をうち破り、国難を乗り越えることができましたならば、先王と同じように朝貢し、忠節を尽くせることでありましょう。そのため、自ら仮称しております開府儀同三司《かいふぎどうさんし》と、その他の官号もそれぞれ仮授していただきたく存じます。

　この文章第三段で「この仇敵の高句麗」と訳されている原文は、「寇讎」である。注目すべきだと思うが、あまり注目されていないようだ。襲われたのは金官加耶（任那）であり、その仇討ちをすると倭王「武」は書いているとしか理解出来ない。何故高句麗のことを、屈辱的な文字である「寇讎」と書いているのか。何故任那での敗戦に対して執念深く、長年にわたって仇討ちをもくろんでいるのか。その謎は騎馬民族征服王朝説では、自らの都が攻撃されたのだから、当然の仇討ちだと説明出来るが、大和勢力社会進化説だと、外国での戦争の敗北でしかないので、「寇讎」は説明しづらい。解明されるべきだと思う。

(ロ) 倭王「武」の祖先が平定した「海北九十五国」について

倭王武の上表文の冒頭での、祖先の征服戦争を述べている段の現代語訳は、講談社学術文庫では以下の記載であった。

「わが国は遠く辺地にあって、中国の藩屏となっている。昔からわが祖先は自らよろいかぶとを身に着け、山野をこえ川を渡って歩きまわり、落ち着くひまもなかった。東方では毛人の五十五カ国を征服し、西方では衆夷の六十六カ国を服属させ、海を渡っては北の九十五カ国を平定した。皇帝の徳はゆきわたり、領土は遠くひろがった。代々中国をあがめて入朝するのに、毎年時節をはずしたことがない。」

このように倭王武（雄略天皇）は祖先自らが、都の大和を中心にして、東西そして海北（朝鮮半島）に征服戦争をしたと解釈するのが普通である。武の祖先は海を渡って朝鮮半島を征服したと書いてあるこの上表文の存在をもって、騎馬民族征服王朝は無かったと言う人がいる。しかし、本当にこの解釈で良いのであろうか。

「海を渡っては北の九十五カ国を平定した」と訳されている部分が疑問である。原文は「渡平海北九十五国」であり、原文の書き方としては「東」・「西」の征服戦争と同様に書かれているにもかかわらず、東西は「東方では」・「西方では」と単に征服した土地の方角を述べているに過ぎないのに、「渡」だけを「海を渡っては」と訳すのは不自然で、東西同様に単に武（雄略天皇）の祖先が征服した土地の方角を示す言葉とすべきである。

原文は「東征毛人五十五国、西服衆夷六十六国、渡平海北九十五国・・・・」であり、読み下し文では、「東のかた毛人五十五国を征し、西のかた衆夷六十六国を服し、渡りて海の北の九十五国を平らぐ」となっており、現代語訳は「海を渡っては」ではなく、「海を渡った所にある北の九十五ケ国」と訳すべきである。

そうすると、「海を渡っては北の九十五ケ国を平定した」と訳すのではなく、「海を渡った所にある北の九十五ケ国を平定した」という現代語訳になり、対馬海峡を渡って征服戦争をしたのではなく、単に、祖先が征服した土地を述べているに過ぎない文章となるので、騎馬民族征服王朝説でも、倭王武の上表文と矛盾しなくなる。上表文は単に祖先が征服した土地の広さを中国の皇帝にアピールしているにすぎず、倭王武（雄略天皇）が都をおいている大和から征服戦争を行ったとは述べてはいない。「日本書紀」では征服戦争は神武の九州から始まったとなっており、「武」の上表文の征服戦争は、南朝鮮から始まったと解釈しても何の矛盾もない。要するに祖先の征服戦争はどこから始まったかについては、上表文は何も述べてはいない事は重要である。

それでは、「海北九十五国」を平定した祖先とは誰であろうか。「日本書紀」には、伝説上の人物である神功皇后の三韓征討物語があるが、「日本書紀」編纂の時代のはるか以前である倭王武（雄略天皇）の時代には、先ほど述べた通りで、未だこのような伝承が在るはずが無く、「日本書紀」からは倭王武の述べている「海北九十五国」を平定した祖先が見当たらない。しかし中国皇帝に宛てた上表文の冒頭に、嘘偽りを述べているとも思えず、倭王武（雄略天皇）の祖先のうち誰かは「海北九十五国」を平定したか、あるいはそのような伝承を持つ人物がいたはずである。

しかも前述のように、この上表文は金官加耶（任那）を高句麗に襲撃されたことへの復讐戦に、中国皇帝の力添えを願っている文章である。更に、自ら「使持節都督倭・百済・新羅・任那・加羅・秦韓・慕韓七国諸軍事、安東大将軍、倭国王」と称して除正される事を願っている事からして、祖先が平定した土地だと主張している「海北九十五国」は、上表文の中で重要な意味を持っている。

百済や新羅などを含む大将軍を自称しているのだから、「海北九十五国」には百済と新羅も含むと理解すべきである。「海北九十五国」とは任那・加羅のことだけだとすると、自称と矛盾してしまう。また、「海北九十五国」は「魏志」韓伝の馬韓五十余国と弁辰併せて二十四国の合計七十四余国に近い数で、明らかに百済と新羅を含む国の数字であり、倭王武（雄略天皇）の祖先は新羅と百済を平定した、あるいはそのような伝承があると主張している文章である。

しかし、史料でそのような三韓を平定したと書かれてあるのは、「魏志」と「後漢書」に書かれている辰王と、「日本書紀」の神功皇后だけであるが、神功皇后説話は倭王武（雄略天皇）の時代には未だ存在し得ないので、「海北九十五国」を平定したという「武」の祖先は中国側史書に書かれている「辰王」だという事になる。

そうではなく「武」（雄略天皇）の祖先は、大和から対馬海峡を渡って三韓を征圧したと主張しているとは考えられない。その様な史料は、当時は存在し得ない神功皇后説話だけで、逆に「武」の祖先が高句麗に惨敗を喫したという史料（広開土王碑）の存在があり、この敗戦は「武」の時代ではほんのすぐ前の時代の事であった。

騎馬民族征服王朝説では、倭王武（雄略天皇）の時代は、武の父・允恭天皇か兄・安康天皇が都を河内から大和に遷し、韓倭連合国は大和の在地豪族と合体して大和朝廷（王権）が誕生して間もない時代であり、祖先が行った征服戦争は当然朝鮮半島から始まっているというのが当時の常識であり、倭王武は単に征圧した地域の都からの方角とその国数を記しているだけで、どこから征服戦争が行われたかは、書く必要がなかったものと思われる。

このように騎馬民族征服王朝説で上表文を理解することにより、文の冒頭で、祖先が自ら征服戦争に乗りだし、都の東西の国々と海北の九十五ケ国を征圧したと主張する文書は、倭王武が誇張して述べているのではなく、騎馬民族説を採れば「魏志」と「後漢書」の史料から、少なくともそのような伝承をもっていた事は事実だったと解釈出来る。また何らかの事実又は伝承を伴っていない限り、倭王の使者は宋の役人に自称する称号の説明が出来ないはずだ。さらに、「武」の主張が事実を伴っている伝承と判断したから、宋の皇帝は既に封じている百済を除いた将軍号を倭王武に除したものと思われる。「武」の主張が真実を伴っていなければ、中国皇帝が「使持節都督倭・新羅・任那・加羅・秦韓・慕韓六国諸軍事、安東大将軍、倭王」に除するはずがないと考える。

なお、「海北九十五国」とは対馬海峡の北の朝鮮半島と書いてある書物があったが、それは今日の国境線がある事からの認識であって、当然九州から北、つまり壱岐と対馬も「海北九十五国」に含まれると解釈すべきだ。

（ハ）「倭の五王」の比定と応神・仁徳一体説による騎馬民族の東遷

＊　応神・仁徳同一人物説で、倭の五王を比定する

倭の五王とはどの天皇を指すのかよくわかっていなく、諸説がある。しかし最後の「武」は雄略天皇のことだということでは、諸説は一致している。

倭の五王とは、「讃」「珍」「済」「興」「武」で、その外交年表を下記する。

421年　讃　宋に朝献し、武帝から除綬の詔をうける。（「宋書」倭国伝）

425年　讃　司馬の曹達を遣わし、宋の文帝に貢物を献ずる。（「宋書」倭国伝）

430年　　1月、倭王は宋に使いを遣わし、貢物を献ずる。（「宋書」文帝紀）

438年　珍　これより先、倭王讃没し、弟珍立つ。この年宋に朝献し自ら「使持節都督倭・百済・新羅・任那・秦韓・慕韓六国諸軍事安東大将軍倭国王」と称し、正式の任命を求める。珍はまた、倭隋ら13人を平西・征虜・冠軍・輔国将軍にされんことを求め許される。（「宋書」倭国伝）
　4月、文帝、珍を安東将軍倭国王とする。（「宋書」文帝紀）

443年　済　文帝に朝献して、安東将軍倭国王とされる。（「宋書」倭国伝）

451年　済　文帝から「使持節都督倭・新羅・任那・加羅・秦韓・慕韓六国諸軍を加号される。安東将軍はもとのまま。23人に、宋朝から軍・郡に関する称号を与えられる。（「宋書」倭国伝）
　済　7月、安東大将軍に進号する。（「宋書」文帝紀）

462年　興　3月、孝武帝、済の世子の興を安東将軍倭国王とする。（「宋書」倭国伝）

477年　武　これより先、興没し、弟の武立つ。武は自ら「使持節都督倭・百済・新羅・任那・加羅・秦韓・慕韓七国諸軍事安東大将軍倭国王」と称する。（「宋書」倭国伝）

478年　武　上表して、自ら開府儀同三司と称し、叙正を求める。順帝、武を「使持節都督倭・新羅・任那・加羅・秦韓・慕韓六国諸軍事安東大将軍倭王」とする。（「宋書」倭国伝）

次に倭の五王は、どの天皇に比定されるか検討してみる。

「古事記」には年次の記述は無いが、文注として一部天皇の没年干支を記している。この没年干支を正しいものとして、それを手がかりに、倭の五王を比定する説がある。「古事記」は天皇の没年を次のように記す。

・十五代応神、甲午（394年）
・十六代仁徳、丁卯（427年）
・十七代履中、壬申（432年）
・十八代反正、丁丑（437年）
・十九代允恭、甲午（454年）
・二十代安康、記載なし
・二十一代雄略、己巳（489年）
・二十六代継体、丁未（527年）

「古事記」の没年干支を正しいとすれば讃＝仁徳、珍＝反正、済＝允恭、興＝安康、武＝雄略となる。しかし、「宋書」の珍は讃の弟としている記述と、一ヶ所だけ「記・紀」と矛盾する。それで讃は履中天皇だとする説がある。しかしそれだと先ほどの年表と比較すると、四二一年には履中天皇は即位していないので矛盾する。仁徳説でも履中説でも「記・紀」と「宋書」は矛盾をきたすので、通説とされるものは無い。

仁徳天皇説を採る有力な根拠は、古事記の没年干支だけではなく、仁徳天皇の名前である「オオサザキ」

と「讃」は音が似ており仁徳天皇が「讃」と名乗ったと思われるからである。前節で述べた申《シン》氏の提言である、金官加耶国王達が日本列島に移動した時期は五世紀初～中葉とされており、これが韓倭連合国の河内遷都だと思われるので、有力な学説である応神・仁徳同一人物説を採用したうえで、讃は仁徳天皇だったとする。応神・仁徳同一人物説については次に詳しく述べる。

すると「讃」＝仁徳天皇、「珍」＝反正天皇、「済」＝允恭天皇、「興」＝安康天皇、「武」＝雄略天皇という説になる。

＊　応神・仁徳一体説と、その人物による東遷・河内進出

応神・仁徳同一人物説にのっとり、騎馬民族の東遷を推測してみる。同一人物とされる応神・仁徳の名前は仁徳天皇に代表させる。理由は、応神天皇は生まれる前から神意により天皇になる事が定められて「胎中天皇」とされる等、神話的色彩が濃く、「古事記」上・中・下巻のうち伝説的部分とされる上・中巻の最後が応神であり、現実の世となる下巻の冒頭が仁徳となっており、名前を二つ持つ人物をどちらかの名前で呼ぶとすれば、伝説の世の人物よりは現実の世の人物である仁徳天皇がふさわしい。もちろんこの場合は、仁徳天皇は応神天皇の説話も持つ人物となる。

同一人物説は、両者には共通する説話があること等がその理由となっている。直木幸次郎氏の「大和王権と河内王権」（吉川弘文館）収録の「応神天皇は実在したか」に詳しいので、概要を紹介する。

まず一点目は、池の築造が挙げられる。両天皇では池の名前が違うが、河内地方開拓の創建者の説話と思われ、両人物ともに創建者となってしまうので、一人の創建者の説話と理解した方が合理的だからだ。これは、応神天皇は九州から畿内へ入ったなどの新王朝の創健者の伝承を持つが、多くの池堤を構築して大阪平野を開拓したのは仁徳天皇の説話で、ここでも創建者が二人になってしまうので、同一人物説の根拠となっている。

二点目は、「古事記」「仁徳紀」の黒日売《くろひめ》と「日本書紀」「応神紀」の兄姫《えひめ》の物語の類似であり、同一人物の話が応神の話になったり、仁徳の話になったりしていると考えられる。

三点目は、枯野という船の話である。「古事記」「仁徳紀」では、この船の壊れたもので塩を焼き、残った木で琴を作った。この船のことは「日本書紀」では「応神紀」に記載されており、やはり塩を焼き、琴を作った。大筋同じ説話が応神の話になったり仁徳の話になったりするのは、もとは両天皇が一体であったことを窺わせる。

その他、「古事記」にある髪長比売《かみながひめ》で、「日本書紀」では髪長姫となっている人物の物語で、どちらも応神天皇の処に記載されている説話がある。要するに応神天皇が姫を召しよせたところ、仁徳天皇は髪長姫の「容姿の端正」に感じ入り、人を介して自分に賜るよう頼み込んだので、応神天皇は太子（仁徳天皇）に賜ったという話である。これは一人の女性を父と子が争うという物語の内容である。この父と子、または兄と弟が一人の女性を争うというタイプの話は「記・紀」の中に数例見られるが、髪長姫の説話以外は、親子・兄弟のような近親者でも命を失うか、失脚している。応神・仁徳父子が唯一の例外であり、この説話は疑わしいと思われる。

元々は、応神天皇である仁徳天皇が髪長姫を召したという説話が、両天皇が分離したことにより、親子の間で髪長姫を譲ったという話に変化したものと思われ、両天皇が一体であったことを窺わせる説話である。

他にも仁徳紀四〇年条に書かれてある播磨佐伯直阿俄能胡《アガノコ》が、「播磨国風土記」では応神天皇の話で阿《ア》我乃古《ガノコ》として登場している例がある。地方豪族出身と思われる人物が、このような古い時代に、二代の天皇に従えた例は少なく、このような伝承が生じるのは、応神・仁徳両天皇の区別が定かでない時期があったからだと思われている。

また、奇妙なことに「日本書紀」には仁徳天皇の陵を「百舌鳥《もず》野陵」と伝えているのに、応神天皇の陵については伝えていないのである。つまり「日本書紀」によると、応神天皇は墓のない人物となっている。更には、「古事記」の古い写本の一部が、応神陵について「百舌鳥《もず》野陵也」と注記しているのである。いうまでもなく「百舌鳥《もず》野陵」とは「日本書紀」で仁徳天皇の陵としている墓であり、これが応神天皇の墓でもあるという注記である。この注記は卜部本などいくつかの本に存するが「古事記」原本にはなかったと思われている。何故注記が加えられたのかを考えてみると、注記が加えられた頃までは、応神陵についての伝承が確立していなかったからだと考えられる。それで「日本書紀」に応神陵の記載が欠落している理由として、応神陵に関する伝承が日本書紀編纂の時期には未だ確立されていなかったからだと考えられる。

これらの事は、応神陵と仁徳陵の区別が明瞭でなかったことを示しており、両天皇はもと一体であり、両天皇の陵は和泉の仁徳天皇陵である「百舌鳥《もず》野陵」一つだけが伝承されていたからではなかろうか。

このように応神天皇と仁徳天皇は、元は一体だったと思わせることが多く、同一人物説は定説とは言えないが、有力な学説とされている。同一人物だとすると、次に述べる、河内遷都は高句麗戦の敗北後の五世紀初～前葉と考える事が無理なく出来る。

江上氏は応神天皇の河内進出は、四世紀末から五世紀初めとしているが、私は四世紀末はあり得ないと考えている。理由は四〇〇年と四〇四年の高句麗との戦争である。四世紀末に東遷したとすると、河内に本拠地を置いて、朝鮮半島へ大軍を派遣させることになり、それは出来なかったと考えている。長い兵站線を考えると、強国・高句麗相手の戦争は当時は不可能だったと考えるし、河内遷都後は大阪平野の開拓と巨大古墳造営に膨大な労力を割いたと思われ、大軍派遣の余力はなかったはずである。したがって東遷の時期は高句麗戦の惨敗以降で、四世紀末はあり得ないとすべきだ。江上氏は四世紀末も候補としているのは、東遷の主人公を応神天皇としているので、四世紀末も省けなかったからではなかろうか。しかしこの問題は、応神・仁徳一体説により応神の伝承を持つ人物は仁徳であった、として解決される。

この様に考えた上で、倭王「讃」は仁徳天皇だとすると、宋書倭国伝の「讃」の記事から、河内への遷都は五世紀初〜中葉のことになり、中氏《シン》が説く金官加耶国王達の日本列島移住の時期と同じ時期になる。

江上氏は河内への遷都当時は、大和を地盤とする在来の諸氏族は、古墳時代前期に大和に巨大古墳を造った権力者と無関係ではないとして、彼らは強大な権勢をふるっていたと解すべきだとして、以下述べている。


次の図を含めて、「騎馬民族国家」（中公文庫）から引用する。


「このような形勢からみて、応神天皇によって征服王朝が創始された最初の時期においては、河内・南摂津を地盤とした天皇氏、大伴・物部両氏などの軍事的勢力と、大和を地盤とした土着の葛城《かつらぎ》・和珥《わに》・平群《へぐり》・巨勢《こぜ》などの既存の政治勢力との並存関係があり、その両者の連合・合作が漸次実現して、いわゆる大和朝廷なる天神糸・国神系豪族の連合政権が樹立されたように解される。

その間の事情をもう少し、河内・南摂津を地盤とした天孫・天神系豪族を中心にして観察し推測してみると、まず河内・南摂津が、彼らの畿内における最初の基地として選ばれたのは、きわめて自然なことであった。彼らは応神天皇を統率者として北九州から進出し移動してきたので、瀬戸内を通過して上陸したのがその終点の河内・南摂津であったのは当然であろう。

まず彼らは、畿内征服の基地として、ここを確保することになったが、前面の大和には予想以上に大き

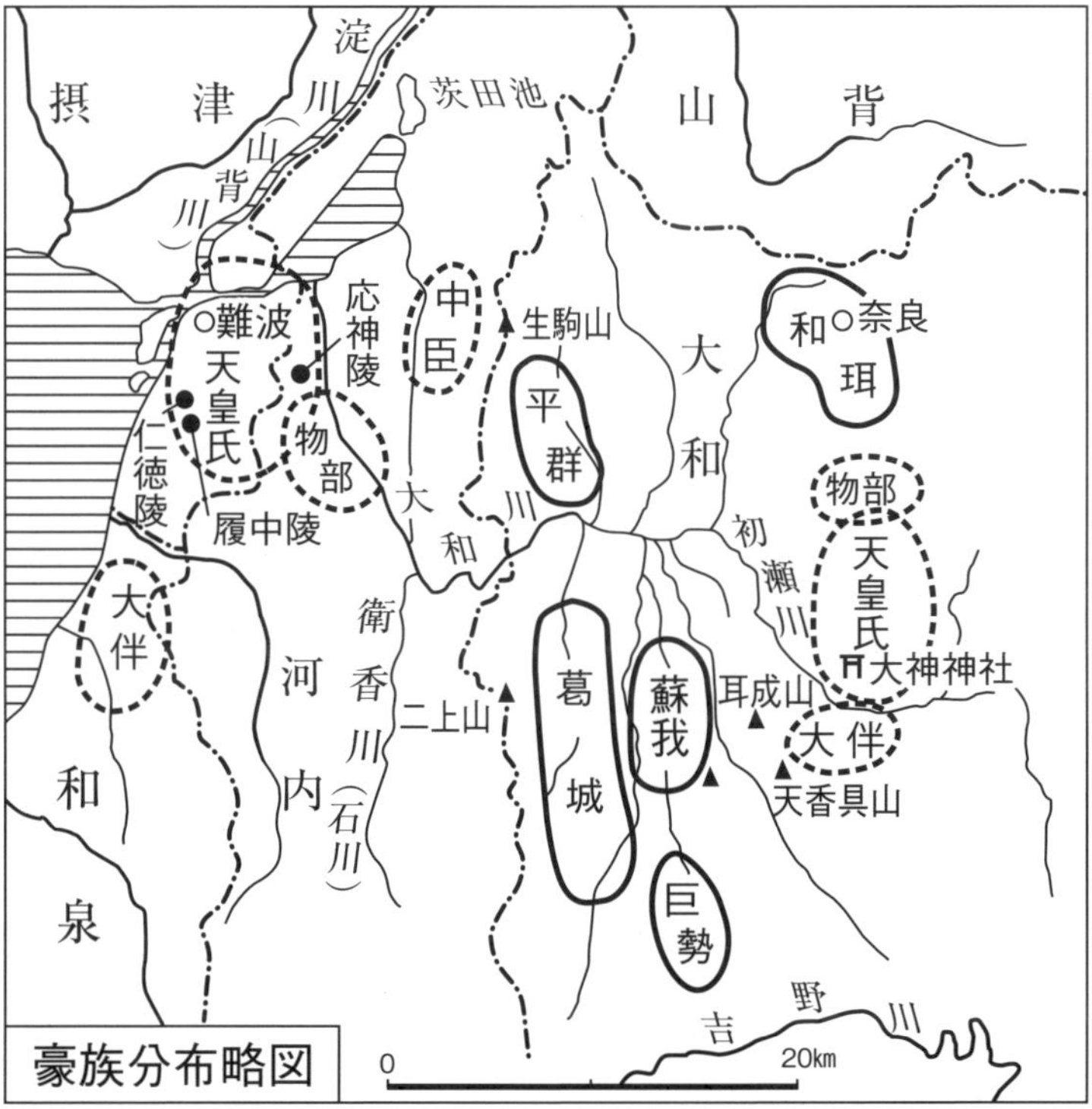

豪族分布略図

な伝統的政治勢力があって、いっきょにこれを征服することなどとうていできそうにもない。しかし彼らが武力で占拠した河内・南摂津の沖積平野はかなり広く豊かな土地であり、またそこは上田氏も指摘されたように、海陸交通の要地でもあった。ことに倭韓連合国の担い手としての彼らにとっては、北九州・南部朝鮮にいたる海路を確保することは、軍事的にも、政治・外交的にも、また経済・文化的にも不可欠な要件であったから、大阪湾という良好な港湾を抱いた河内・南摂津は、彼らにとっておそらく申し分のない土地であったろう。

そこで、応神らの天孫・天神族の指導者たちは、ここにじっくり腰を落ちつけて、軍事的・経済的実力を養い、一方、対外的には南部朝鮮への出兵をつづけ、中国の南朝宋に通じて国際的な地位を確保し、他方、対内的には、大和の豪族たちとの摩擦・衝突をさけて、むしろ彼らの伝統的な政治権力を利用し、できるだけ平和裡に全国への支配権を拡大してゆく方針をたてたのに相違ない。そのことは、彼らの施策の実際からみて、容易に推測されるのである。

彼らはまず、河内・南摂津における軍事力・経済力の充実をはかったであろう。そのためにおそらく徙《し》民《みん》政策によって、ひじょうに多数の人間が集められ、また朝鮮からの渡来人の技術が各方面でおおいに利用された。厖大な労働力を投じて、溝渠を通じ、貯水池を掘り、土地を開拓して、農産の増大がはかられ、朝鮮から良馬を輸入して、馬匹を改良し、馬の飼育・馬具の製作に堪能な人たちが迎えいれられて、騎馬戦力の増強がはかられた。のちに河内が馬飼氏の中心をなすにいたったのは、そのような事情からであろう。」

以上が江上氏が推測した畿内進出の物語となり、その主人公は応神・仁徳同一人物説により、応神ではなく仁徳天皇となる。

江上説によると、相当な長期間、天神系の河内の韓倭連合国と国神系の大和の勢力は、生駒山地と二上山などを間に挟んで併存することになる。「記・紀」によると仁徳天皇は大和の豪族葛城《かつらぎ》氏から妃をむかえて、その妃は履中・反正・允恭天皇を生んだとされている。妃の父は伝説的人物である葛城《かつらぎ》襲津彦《ソツヒコ》であり、神功皇后紀ではいったん死んだはずの人物である。実在が疑われる人物の娘との間に履中・反正・允恭という三代の天皇を生んだという話は出来すぎており、疑わしい。しかし、葛城襲津彦《かつらぎソツヒコ》は朝鮮半島に伝承を残しており、お伽噺的な伝承とはいえ、葛城《かつらぎ》氏は早い段階から韓倭連合国の協力者だったという説も成り立つので、河内の新政権と葛城《かつらぎ》氏の関係は今後の研究課題である。

履中天皇の場合は、「記・紀」の記載にある葛城《かつらぎ》氏との結婚は事実と思われ、併存しながら、武力ではなく平和的な政略結婚による、天神系と国神系の連合・合体と思われる。

それでは何時、韓倭連合国は河内から大和へ移ったのか。つまり、「いわゆる大和朝廷なる天神糸・国神系豪族の連合政権」は、いつ樹立されたのか。

「記・紀」の伝えによると、皇居は、仁徳からかぞえて四代目の允恭《いんぎょう》天皇が遠飛鳥《とおつあすか》に宮を造って以後、安康天皇が石上穴穂《いそのかみあなほ》、雄略天皇が泊瀬朝倉《はつせあさくら》、清寧天皇が磐余甕栗《いわれのみかぐり》というように、皇居はおおむね奈良盆地に造られている。天皇陵は、允恭陵が河内之恵賀長枝《えがのながえ》、雄略陵が河内之多治比高鸇（以上「記」）、と大阪平野に造られているが、安康陵は菅原之伏見岡（「記」）と奈良盆地に営まれたと記されている。

皇居は允恭天皇から奈良盆地へ移っており、天皇陵は安康天皇が奈良盆地に造営している。このことから、允恭天皇か安康天皇の頃に韓倭連合国は本拠地を河内から奈良盆地に遷し、大和の在地豪族と連合・合体して、大和朝廷（王権）が成立したと思われる。その具体的な時期は、「宋書倭国伝」によると、「済」

＝允恭天皇の宋への遣使は四四三年と四五一年で、「興」＝安康天皇の遣使は四六二年であるから、五世紀中葉に大和朝廷（王権）が成立したと思われる。四世紀中葉の早い時期に筑紫に侵入して以来、約一世紀をかけて、北方騎馬民族は大和朝廷（王権）を樹立したことになる。この政権は、天神系北方騎馬民族と、弥生時代以来の国神系豪族の連合・合体政権であったので、神話や社会制度に二元性が併存する体制となった。神話は天つ神系と国つ神系とが併存しており、豪族（氏族）は後の時代には、「臣・国造」系と「連・伴造」系の姓《かばね》に分離していく二大グループに分かれて併存していた。

江上氏は氏姓制度の二元性については、東アジアにおける騎馬民族征服王朝の研究から、『この氏姓制度における二元性が、一つのものから他のものに分化・派生して生じたというような副次的なものではなく、発生的に全く別個のものの併存的存在として理解されねばならないということであろう。』と述べている。この問題については次の章で詳しく展開する。

4章

江上説を傍証する「王権神話の二元構造説」

1節 天孫降臨を命じる神が、二つに分かれている

(イ) 河内王権説の直木孝次郎氏が評価する「溝口説」

前章では、応神天皇による韓倭連合国の河内遷都により、騎馬民族勢力と旧来のヤマト勢力が生駒山地や二上山を挟んで、大阪平野と奈良盆地でそれぞれ併存する期間を経て、允恭天皇か安康天皇の頃に両勢力が合体・連合して、大和朝廷(王権)が成立したことを述べて、その結果として、神話が「天つ神系」と「国つ神系」とに分かれており、氏姓制度も「臣・国造系」と「連・伴造系」に分かれており、それぞれが二元性になっていることを述べた。何故そのようになっているのかを解明出来る「王権神話の二元構造説」が、二〇〇〇年に溝口睦子氏によって発表された。

江上氏は古代神話の二元性について述べている事は、既に1章の「騎馬民族征服王朝説の概要2節、「記・紀」の神話・伝承から」に紹介した。もう一度引用する。

『まず、神話では、天つ神《アマツカミ》と国つ神《クニツカミ》の二大別があって、天つ神が日本の国土に降来して、そこに原住した国つ神を、征服あるいは支配したことになっているのは、周知のとおりである。』と述べ、『天つ神《アマツカミ》なる外来民族―特にその天孫系(天皇系)―は、さきにみたように、直接には任那地方から移ってきたにしても、

夫余・高句麗系の伝承を持っており、その本来の出自が、満州東部や北部朝鮮方面にあったのかもしれない。』

このように「天つ神系の神話」は夫余・高句麗系だと書き、この神話を奉じる氏族は、「国つ神系の神話」を奉じる氏族と区別されている事を論じていた。この章ではその説が二一世紀になり、溝口氏と直木氏により論証されたことを述べる。

この神話の二元性と、氏姓制度の二元性は、江上氏の「騎馬民族征服王朝説」では征服の痕跡を残す伝承と制度であり、論の中核をなす理論だと思うが、「記・紀」神話を一つのものと捉えていたために、今ひとつ説得力に欠け、氏自らが言うように仮説の域を出るものではなかった。しかし、溝口氏の「王権神話の二元構造説」の登場で、この二つの二元性は氏族が持つ思想・文化の違いによるものであり、元々別だった事が論証出来ることになり、外来文化を持つ氏族が来入し、土着氏族と併存したとする「騎馬民族征服王朝説」は、有力な傍証を得ることになった。

神話の二元性について、溝口睦子氏は詳細な研究結果をまとめて「王権神話の二元構造―タカミムスヒとアマテラス」を二〇〇〇年に発表した。河内王権（王朝）説を取る直木孝次郎氏は、著書「河内王権と日本古代の王権神話」（吉川弘文館「大和王権と河内王権」所収）で以下述べている。

『溝口氏の説かれる「王権神話の二元構造」が、私の考える初期ヤマト政権とこれに継起する河内政権との関係に酷似するのに驚いた。私の抱く日本王権の形成過程の構想が溝口氏の研究で有力な傍証を得たと思った。以下、溝口説と私見との関連するところを述べることとする。』

私はこの直木孝次郎氏の著書を読んで、ある程度溝口説を理解して、河内王権説でも有力な傍証だが、騎馬民族征服王朝説ではもっと有力な傍証になると思った。

この神話の二元性は戦前から論じられており、三品彰英氏は天孫降臨神話が、「日本書紀」の五種と古事記とで、合計六種類有り、この六種の天孫降臨神話を命じる神により、三分類した。一つは有名なアマテラスで、「日本書紀」の第一の一書（ある書）に書かれている。もう一つは、「日本書紀」の本文と二つの一書（ある書）のタカミムスヒであり、三番目は「古事記」と「日本書紀」の第二の一書（ある書）で、タカミムスヒとアマテラスの二つの神が天孫降臨を命じたと分類し、その変遷を分析した。

三番目は折衷案であり、要するに天孫降臨を命じた神は「タカミムスヒ」と「アマテラス」に神話が別れている。タカミムスヒとはあまり聞いたことが無い神様だったが、「日本書紀」の本文では、ニニギノミコトに天孫降臨を命じるのはアマテラスではなく、タカミムスヒとなっている。天孫降臨という神話の中でも、「日本書紀」本文に書かれている最も重要な部分の神様なのに、あまり有名ではなく、アマテラスの方が有名だ。

このように天孫降臨には二つの神話大系が在り、江上説の「天つ神」系を「タカミムスヒ」系とし、「国つ神」系を「アマテラス」系（溝口氏は単に天孫降臨神話だけに留まらない二系列なのでイザナキ・イザナミ系としている）として理解すれば解りやすい。

（ロ）天つ神と国つ神の二元性と「王権神話の二元構造」の違い

溝口睦子氏は、この神話の二系列を研究し著書「王権神話の二元構造」を発表し、一般の読者にも二〇〇九年に「アマテラスの誕生」（岩波新書）を発行した。

溝口氏は六種の天孫降臨神話から、以下のように二系列に分類した。

①タカミムスヒ系神話（溝口氏はムスヒ系建国神話と呼ぶ）は、天孫降臨の司令神はタカミムスヒだけで、降臨の際に真床追衾《まとこおうふすま》に覆われているなどの特徴がる。

②アマテラス系（溝口氏はイザナキ・イザナミ系と呼ぶ）では司令神は一人だけかタカミムスヒと二人になっているもので、真床追衾《まとこおうふすま》は無いなどの特徴がある。

このように合計六種の天孫降臨神話を二系列に分類して、この二系の神話は本来別個に起源し発展した神話であって、この二系の神話によって構成される「記・紀」神話は二元構造である、と指摘した。二元構造とは簡単に言うと、支配者となった天つ神と、支配された国つ神という二つの神話があったのではなく、元々神話は二つであったが、「記・紀」編纂の時に一つのストーリーにまとめられたのだと論じている。

この二元構造について、「アマテラスの誕生」（岩波新書）で、簡潔にまとめてある文書を以下引用する。

『よく読まれる「古事記」ではなく、「日本書紀」の方をみると、「記・紀」神話の元になった「原資料」の姿がよくわかるのであるが、「記・紀」神話の原資料は、はっきりと二元構造をもっている。「日本書紀」の「神代上」と「神代下」が、まさしくその二元構造に対応する区分である。すなわち「神代上」は、イザナキ・イザナミの国生みにはじまり、オオクニヌシに終わる巻(以下イザナキ・イザナミ～アマテラス・スサノヲ～オオクニヌシ系、あるいは略してイザナキ・イザナミ系と呼ぶ）であり、「神代下」は、タカミムスヒを主神とする天孫降臨神話を中心とする巻（ムスヒ系建国神話、あるいは略してムスヒ系と呼ぶ）である。

この二つの神話体系は、下巻のはじめに置かれた「国譲り神話」によって結びつけられて、ひとつながりの物語になっている。しかしもともとこの二つは、それぞれ別個に、関係なくつくられた独立した神話だった。

結論からいえば、「神代上」の部分は、古くから伝承された日本土着の神話・伝説を集成して構成された神話体系であり、「神代下」の部分の骨組みは、第一章で述べたように五世紀になって新しく取り入れた、北方系の支配者起源神話に範をとった建国神話である。』

簡潔すぎているので、アマテラス系神話とタカミムスヒ系神話の特徴が対照的なところがある、と指摘している事を補足する。

アマテラス系（イザナキ・イザナミ系）神話の特色
①海洋的・水平的世界観
②能力・資質を重視する首長観
③男・女の働きを等価に見る男女観
④中国の江南地方以南の南方系

タカミムスヒ系（ムスヒ系建国神話）の特色
①天に絶対的優位を見る世界観（前者の水平的世界観に対し上下の世界観）
②出自・血統重視の首長観
③男性優位の世界観（ムスヒ系神話に登場する神はほとんどが男神）
④北方ユーラシア大陸の北方系

タカミムスヒ系は天孫降臨の時には、真床追衾《まとこおうふすま》に覆われており、北方騎馬民族神話に共通している天から地上界に降りるとき身にまとうフェルト状のもの、つまり、真床追衾《まとこおうふすま》での降臨に象徴されている王権の絶対性＝支配者起源神話であり、それと、南方系の古くから伝承された土着の神話・伝説を「結びつけている」のはオオクニヌシの「国譲り神話」だという。それでは溝口氏は、「国譲り」をどう解釈しているのか、

「アマテラスの誕生」(岩波新書) から以下引用する。

『国の主権を握っているのは天つ神であり、オオクニヌシはいってみれば被支配層の神、民間の神ということになる。

本章のはじめの部分、「記・紀神話の二元構造」や「記・紀神話はどのようにして形成されたか」の項で述べたことを思い出していただきたいが、「記・紀」神話には、五世紀段階で新しく取り入れた、北方系の王権思想に基づく建国神話と、在来の土着の伝承を集成したイザナキ・イザナミ系の神話体系という、まったく異質な、二つの神話体系が入っていた。しかしこの二つは一本化されて、ひとつながりの神話として「記・紀」神話に入っている。その際二つを結びつけるためにとられた方法が、イザナキ・イザナミ系の主神「オオクニヌシ」が、建国神話の主神「タカミムスヒ」に、国の支配権を譲ったという筋書きである。二系統の異質な神話は、そのような形で結びつけられている。この国の支配権を譲る部分が「国譲り神話」と呼ばれている。この部分を、私はあとから加えられた後次的なものとみるのである。そう考える理由の一つを次にあげておこう。

「国譲り」とは何だったのか

タカミムスヒは「国譲り神話」で、天孫を降臨させる準備として、何度も地上に使者を送り、地上世界の主神であるオオクニヌシに支配権を譲るようにと出雲で談判する。そしてその結果遂に国を譲らせることに成功して、地上世界にはもはや誰一人、はむかう人はいないことを確認した上で天孫を天降らせる。

これがこの神話の内容である。

ところがそのあとの天孫降臨神話では、いざ天降った天孫は、オオクニヌシとは何の関係もない九州の日向に降り立ち、そこから東征の長い旅をして大和に辿りつく。その間多くの敵に出会って戦いを交え、戦闘で兄を亡くしたりもするのである。天孫降臨から神武東征にいたる建国神話のなかで、オオクニヌシの「オ」の字も語られることはなく、「国譲り」は影も落としていない。いったい「国譲り」とは何だったのか。

ここに「記・紀」神話の物語上の大きな矛盾があることは以前から指摘されている。私はこれを、建国神話が国譲り以前にすでにできあがっていたことから生まれた矛盾であろうと解釈する。すでにある建国神話を変更して、あとでできた「国譲り」との細部での辻褄合わせをするだけの余力が、神話の最終的作成者にはなかったのである。従来天つ神・国つ神からなる「記・紀」神話の構造について、これを日本神話が古くからもっていた、日本神話に固有の構造とする見方が一般的であった。しかし私は、これまでも述べたように、五世紀以降、ヤマト王権時代に、王権の側によって作られた構造であろうとみている。四世紀以前の人々は、オオクニヌシの上に、さらに絶対的な権威をもつ天つ神がいるなどとは考えていなかった。

オオクニヌシ伝承は、「記・紀」神話の枠組みを外し、建国神話と切り離した上で、独立した伝承として改めて検討を加えるべきなのである。』

要するに、四世紀までの弥生時代から前期古墳時代に形成された土着の神話と、五世紀初頭に入ってきた新しい「北方系の王権思想に基づく建国神話」という二つの神話があり、「記・紀」編纂の時にこの二つの神話の統合が試みられたと論じている。「日本書紀」はもともと二つの神話だった原型を留めているが、古事記は完全な統合を試みたと溝口氏は論じている。それでは、何時、何故、新しい神話が入ってきたのだろうか。

2節 高句麗戦の敗北が新しい思想＝神話を必要としたのか

（イ）四〇〇年と四〇四年の倭の惨敗

江上氏の騎馬民族王朝説に従えば、「韓倭連合国」の畿内（河内）進出が「北方系の王権思想に基づく建国神話」が移入した時期であり理由となるが、溝口氏は新王朝が樹立されたのではなく、旧来からのヤマト王権が導入したと論じている。「アマテラスの誕生」第1章から引用する。

『天孫降臨神話は、あらためていうまでもなく天皇家（大王家）の先祖が天から降りてくる話である。つまり、序章で「記・紀」を引いてその一部を見たように、天皇（大王）は天の至高神の子孫で、地上の国（日本）を治めるべく天から降りてきたのだという、支配者を権威づけるための神話であって、「記・紀」神話（「記・紀」に収載された神話）の核心部分をなしている。この神話については、これまですでに多くの研究があり、この章の後半で紹介するように、朝鮮半島の古代国家の始祖神話と、種々の点できわめてよく似ていることが指摘されてきている。そしてそれが、遠く北方ユーラシアの草原地帯で活躍した遊牧騎馬民族の神話につながっていることも、古くからいわれている。

しかしそのような、朝鮮半島や北方ユーラシアの神話との類似については指摘されていても、それがいつ、どのような契機で日本に入ってきたのかといった、受容の時期や動機については、これまでまだ明確なかたちでは、ほとんど議論されていないといってよい。

序章でふれた岡正雄氏は、この問題について、「高皇産霊《タカミムスヒ》を主神とする皇室族が日本島に来入し、天照《アマテラス》を主神とする先住の母系的種族と通婚するに至った」ために、両者の文化の混合が起きたというように、北方系の民族の来入によるものとみている（「日本民族文化の形成」）。岡氏がこの論文で展開している、縄文以来の日本の民族文化の形成についての壮大な見取図には、示唆に富む指摘が多々あって、従来から全体としては高い評価を受けている。しかし「皇室族」来入説の部分は、江上波夫氏の騎馬民族説と内容的に同じで受け入れ難い。江上氏の騎馬民族来入説については、考古学の佐原真氏が、「騎馬民族が到来して王朝を建てたとする江上波夫説を私はとらない。しかし、この時代にたくさんの渡来人があったこと、騎馬民族の文化が到来したことは確実である」（「日本人の誕生」）と言っているのに、私はまったく賛成である。

騎馬民族の来入はなかったが、しかしその文化は、たしかに朝鮮半島の古代国家をとおして入ってきた。では、その時期はいつか、また、そのとき日本国内はどのような状態だったのかが本章のテーマである。なお、神武東征伝説について一つ断っておきたい。もともと天孫降臨と神武東征はひと続きのもので、九州の日向に天降った天孫が、よき地を求めて東征し、大和の橿原を王都と定めて建国するという部分を含めて、はじめて一つの建国伝説として成り立っている。しかし本書では紙幅の都合で神武東征の部分は割愛し、天孫降臨神話についてのみ述べる。この点ご了承いただきたい。』

溝口氏は何故江上説が受け入れ難いのか、詳しく書いてないのが残念だが、他人の説を批判するのではなく、騎馬民族の文化が到来したのは対高句麗戦の惨敗がその理由であると、この書物で自説を論じている。なお、「天孫降臨神話」と「神武東征伝説」は「ひと続き」のものであり、これが、「記・紀」神話の核心であると指摘している事は、「騎馬民族王朝説」を傍証する上でも重要なことである。そして、五世紀初頭に倭の国家形成の最初の画期を迎えたと論じて、五世紀初頭の対高句麗戦の惨敗を記載している。高句麗戦の惨敗は第2章に書いたが、対高句麗戦の訳文がより詳しく、溝口氏や他氏の見解も記載されているので、長くなるが「アマテラスの誕生」より以下引用する。

『しかし次に引く四〇〇年と四〇四年における、倭と高句麗の戦闘の状況を生々しく期した箇所は、内容の大略については比較的異論の少ない部分である。鈴木靖民氏の訳文（「好太王碑の倭の記事と倭の実体」）によって、さっそくその箇所を引用してみる。

永楽十年（四〇〇）条　好太王は、歩兵・騎兵五万を遣わして新羅を救援した。男居城を従え新羅城（王城）に至った。倭がそのなか（新羅城）に満ちていた。官軍が至って倭賊は退いた。官軍は倭の背後より急追して任那加羅に至り、抜城を従えた。城はすぐに帰服した。安羅《あら》人の戍兵《じゅへい》が新羅城と塩城を抜いた。倭寇は大潰した。

永楽十四年（四〇四）条　倭は不軌《ふき》にも帯方界《たいほうかい》に侵入した。（中略）そこで好太王は自ら軍を率いて征討し、（中略）王の軍は敵の進路を遮ってそのなかに突撃した。倭寇は潰敗し、王の軍は無数の敵を斬り殺した。

不明な字も多く、意味のとりにくい箇所が、とくに四〇四年条は少なくないが、概要をいえば、四〇〇年条は、新羅に進出して新羅城を占拠していた倭軍が、高句麗の正規軍と激突し、高句麗軍は倭軍を任那加羅（朝鮮半島の南端、現在の釜山市のあたり）まで追撃し、倭軍は潰滅したということである。四〇四年条は、倭軍が、不法にも帯方界（かつて中国の植民地「帯方郡」がおかれていた地帯）のあたりまで侵入してきたので、好太王（広開土王）は、みずから軍を率い倭軍を征討した。倭軍は大敗を喫したと書かれている。

戦争の記事に誇張や歪曲はつきもので、しかも一方の当事者である好太王の功績を称えるために書かれた記事であれば、そこに誇張や美化、歪曲がまったくないとみるほうがむしろ不自然であろう。しかし細部に多少誇張はあったとしても、この両度の戦闘で、倭軍が高句麗軍に大敗したという記事の大要は、ほぼ史実とみてよいようである。

四〇〇年ころの高句麗と新羅、そして倭について朝鮮史の武田幸男氏は、「以前より新羅の王都の新羅城（現在の慶州）あたりに進出していた倭に対し、新羅の要請をうけた高句麗がこれを撃つ形で始まり、任那加羅（現在の金海か）や安羅あたり、現在の慶尚南・北道を主戦場として展開された」この戦闘の結果、高句麗は「新羅を新たに隷属状態におき、新羅の朝貢を受けるようになって、事態はひとまず落着した」（『高句麗史と東アジア』）といっている。

訳文を借りた鈴木靖民氏は、同じ論考のなかで碑文の記事について詳しい分析を行っているが、そのなかでこの戦闘について、日本はこの軍事的敗北によって、それまでの最高首長の系統が、「一挙に最高首長の要件たる軍事指揮者、そして外交権者としての権威を失い、王系の交代を招いたとみられる」と注目すべき見解を述べている。つまりこの敗北は、「王系の交代」というきわめて大きな影響を日本の歴史にもたらしたと鈴木氏はみているのである。

いずれにしても五世紀初頭に倭軍は高句麗の正規軍と激突して大敗し、朝鮮半島最南端の任那加羅まで追撃されるという事件が起きている。』

第2章で私が論じたのは、議論の多い三九九年の「辛卯条項」だったので、四〇〇年と四〇四年はこちらのほうが詳しく、より正しい理解が得られると思う。なお、安羅人戍兵《じゅへい》での「戍」の意味は「大辞林」によると「武器を取って守る」意味である。安羅ではなく「安羅人」になっている事と、「戍兵《じゅへい》」に私は関心を持っているが、詳しくは次章の「任那」問題で論じる。

（ロ）四世紀末から五世紀初頭の倭国内の「大変動」

溝口氏は鈴木靖民氏とは異なり、王系の交代説を採らずに、この対高句麗戦の惨敗が、抜本的な体制の変革を引き起こすきっかけとなり、新しい神話を必要としたと論じる。溝口氏だけではなく、考古学も歴史学からも、四世紀末から五世紀初頭にかけて、「大きな変動が日本の社会に起きていることが、ほぼ一致して指摘されている」と溝口氏は述べている。これも長くなるが、「アマテラスの誕生」（岩波新書）から以下引用する。

『考古学の白石太一郎氏は古墳文化について、「四世紀代までと五世紀以降ではきわめて大きな違いがみられる」ことを、以前からさまざまな機会に指摘している。その違いとは、ひと言でいえば、「倭の独自性のつよい文化」から、「朝鮮半島の影響のつよい文化」への劇的な変化である。事柄は古墳の埋葬施設や副葬品、生活用具など広範囲にわたっているので、ここで詳しく紹介する余裕はないが、とりわけ目を惹くのは、「それまでまったくみられなかった馬具が副葬されるようになり」、武器・武具も「騎馬戦向きのものに大きく変化した」（「倭国の形成と展開」）といわれるような、副葬品にみられる変化である。

さらにそれらにもまして注目される考古学上の事象に、王墓とみられる巨大古墳の設営地が、この間に奈良盆地から大阪平野へと移動したことがある。応神陵・仁徳陵とされる五世紀最大級の巨大古墳は、それまで王墓級の前方後円墳が長く営まれてきた奈良盆地を離れて、はじめて大阪平野につくられた。この王墓の移動については、多くの研究者がさまざまな意見を述べているが、まだ解釈に諸説あって、定説が形成されるには至っていない。しかしどの説をとるにしても、ともかくこの時期に、倭政権内部に何らかの大きな変動が起きていたと見る点では変りなく、これを、倭政権の盟主権の移動を示すとみる見解も有力である。

歴史の断層—新王朝論

文献史学の面では、水野祐・井上光貞・上田正昭・直木孝次郎・岡田精司らの諸氏によって、この間には歴史の断絶があり、ここから新王朝がはじまったとみるべきだとする説が早くから提唱された。天皇の系譜でいえば応神、あるいは仁徳にあたる時期で、この説は応神王朝論、あるいは河内政権論とも呼ばれている。その提唱者のひとりである直木孝次郎氏は、「応神王朝論序説」で、「応神以前はそれ以後とは別な世界であると感じられていた」「現実の世は応神からはじまり、それ以前は伝説の世であるという考えが、明確な形ではないにせよ、広く七世紀の氏族の代表者や宮廷の人々に意識されていた」と述べている。私自身もそのような時代区分意識が、一部の宮廷人にとどまらずきわめて広範に、古風土記や民間の家記・系譜書の類にもみられることを指摘したことがある。七世紀の人々からみると、五世紀は二百年の昔にしか過ぎない。漠然としたものではあっても、ほぼその辺りで起こった大きな社会の変化を、人々がさまざまな形で言い伝え、記憶していたとしても不思議ではないだろう。

また上記の諸氏以外にも、塚口義信氏は、四世紀末葉に連合政権内部に対立が起こり、内乱をとおして新たに権力を握った集団が「河内大王家」を誕生させたとする論を展開する（『ヤマト王権の謎をとく』）など、同様の見方に立つ研究者は、けっして少なくない。

敗戦の衝撃と倭政権の変革

このように、ほぼ五世紀初頭のころ、日本の歴史に何らかの大きな変動があったことは、多くの研究者の認めるところである。しかし先述の鈴木靖民氏のように、その事実を対高句麗戦における敗北と結びつける見方は、現在のところまだ一般的とはいえない。

しかし私は、鈴木氏と同じく、まさしくこの敗戦のショックが、抜本的な体制の変革を引き起こすきっかけになったのではないかと考える。この敗戦と、その後に起きた後述のような社会の変容の状況をみると、やや飛躍するかもしれないが、幕末期の黒船来航や、さらにまた唐・新羅の連合軍に惨敗した六六三年の白村江の戦いを思い起こさせるものがある。五世紀初頭の変革を含めたこの三つの大変革には多くの共通点がある。主な点をあげてみよう。

1、衝突の相手は、いずれも欧米・唐・高句麗というように、その時点で、日本より格段に高い文化や軍事力をもつ先進国である。

2、その当時の日本の国内体制は、それら先進国に文化や技術面で遅れているというだけでなく、権力の集中という点で大きく立ち遅れており、統一国家としての態勢ができていなかった。
3、それら先進国との直接衝突によって、力の差をまざまざと知り衝撃をうけた日本は、そのあと強力な統一国家の形成をめざして、国家体制の変革に本気で取り組んだ。
4、その際手本にしたのは、衝突した当の相手国の政治思想や文化・技術・軍事力などであって、それらを懸命に学び、摂取して大きく体制を変えた。』

この様に、溝口氏はほぼ五世紀初頭に日本の歴史に何らかの大変動があったことは、多くの研究者が認めるところであるという。それで、河内王権論など歴史の断層＝新王朝論も有力であるが、溝口氏は自説はまだ一般的ではないとしながらも、高句麗戦の惨敗が、倭王権の抜本的な体制の変革を引き起こしたと論じている。つまり、王権の交代はなく、王権の革命的な変化＝相手国の文化・技術・軍事力の摂取があったという説である。その結果相手国の王権思想である、高句麗の建国神話が導入されたという。対高句麗戦が、ほぼ五世紀初頭の日本の歴史の大変動の原因であるとする点は、江上氏の「韓倭連合国」の東遷説と同じであるが、溝口氏は白村江の惨敗の例などから、旧来のヤマト王権が国家体制の変革に乗り出したと以下論じている。

以下も「アマテラスの誕生」から、引用する。

『この天に由来する王権思想は、高句麗をとおして百済・新羅・加羅など朝鮮半島の諸王国が軒並みに取り入れた、当時流行の思想であり、その元を辿れば、朝鮮半島の北に広がる北方ユーラシアの遊牧民族が古くからもっていた王権思想でもあって、匈奴以来の北東アジア全域を覆う、いわば普遍思想ともいえるものだった。そしてそれは、強力な王権をつくる上できわめて有効な思想であることが、すでに匈奴以来、北方ユーラシアの地に興亡した国々によって実証ずみだった。当時日本の支配層が、現状を打開する上でとり得る道は、この北方系の王権思想を取り入れて抜本的な体制の変革を行うか、あるいは従来の豪族連合方式を改良・改革し、土着の思想を進化させて乗り切るかの二者択一だったと思われる。しかしこの時期に、ゆっくりと時間をかけて、独自の道を切り開くだけの時間的余裕はなかった。百済や新羅、そして加羅と同じように、倭国も前者を選択したのである。』

このようにして、タカミムスヒ系の神話が導入されたという。溝口氏は五世紀初頭に、外来の王権思想＝王権神話が導入されたとして、天つ神系と国つ神系に分かれている「記・紀」神話を、元来は別々の神話だったとして、見事に解析した。このタカミムスヒ系神話の導入という溝口氏の王権神話の二元構造説は、騎馬民族征服王朝説では、河内に進出した騎馬民族がもっていた神話として、この二元構造説にそのまま組み入れられる説である。というよりは、騎馬民族征服王朝説の方が、「王権神話の二元構造説」にふさわしいと考える。

五世紀初頭にタカミムスヒ系神話が日本列島に入ってきたという処までは充分に説得力があると思う。

その時期が倭の激動期だった事は様々な点で証明されている。その激動の原因は、ヤマト勢力の高句麗戦の敗北にあるというよりは、ストレートにタカミムスヒ系神話を奉じている集団が、同時期にしかも大量に河内に進出して来て新政権を築いた、という推測の方が合理的だと思う。

(八) 当時のヤマト勢力が、新羅の王都まで長期間にわたり大軍を派遣出来たか

なぜこのような疑問を持つかと言うと、以前にも述べたが四世紀末から五世紀初頭に畿内のヤマト王権が、朝鮮半島の新羅の都や朝鮮半島中部の帯方郡の故地で戦争をしたという事が、戦争にとって大切な後方支援のための兵站《へいたん》ルートが長すぎて、疑問に思っているからだ。

中国の三国時代に、蜀の諸葛孔明が五丈原の戦いのために、蜀の桟道《さんどう》という兵站《へいたん》ルートを築いた話は有名である。また現代では、ベトナム戦争でのホーチミンルートという北ベトナムと南ベトナムを結ぶ兵站《へいたん》ルートが有名で、アメリカ軍はこのルートの破壊を目論んだが、ラオス領土にある事もあり破壊出来なかった。これがアメリカの敗北につながった一因でもある。それほど、戦争にとって兵站ルートの確保は生命線である。その生命線が確保出来ずに、大軍を動かす事は自殺行為に等しい。しかも広開土王碑文から解る事は、三九九年に倭は新羅の国境に大軍を派遣しており、翌年には都にまで攻めており、戦闘が長期間にわたっており、長期間にわたる武器や食料などの補給が欠かせなかったということだ。果たしてヤマトに本拠地を持つ勢力が、このような長期間にわたり、大軍に武器や食料を補給し続けられたであろうか。

しかも相手は新羅だけではなく強国・高句麗であり、四〇〇年と四〇四年の戦いの「倭」が畿内ヤマト勢力だとすれば、大軍を支える為に、畿内から朝鮮半島までの兵站ルートの確保が必要不可欠だが、それが四世紀末に確立出来ていたとは思えない。何故ならば、畿内から朝鮮半島までの兵站ルートの途中にかなり強大な吉備の勢力が在り、中南九州には熊襲がいる。さらには、後の継体天皇の時代に、北九州で磐井の反乱が在った事などから、当時兵站ルートはあったとしても、それが大軍を長期間にわたって動かすほどに確立していたとは思えず、「倭」が畿内のヤマト王権だとは思えない。

四〇四年の戦いは、倭が今のソウル付近でゲリラ戦をしていたのを高句麗が破ったことを、碑文が誇大に書いていることも考えられる。その場合でも畿内からゲリラ部隊のみを派遣することは考えづらく、朝鮮半島の南端には、本隊ないしは兵站部隊が駐留していなければならない。四〇〇年の戦争では、倭は新羅の都にまで迫っており、かなりの大軍の長期派遣であり、兵站ルートの確立は必要不可欠である。

四世紀末から五世紀初頭に高句麗と戦った「倭」が、畿内勢力だったとする説に疑問を持っている歴史家は少なくない。この「倭」を畿内勢力とすることは定説とは言えないと思う。私は3章で述べたように、江上氏は騎馬民族が畿内へ進出した時期を四世紀末から五世紀初と述べていることについて、五世紀初に絞るべきだと考えていた。更には申氏《シン》の新たな提言を受けて、五世紀初～前葉にすべきだと考えている。つまり、高句麗戦の敗北が国力を充実して高句麗戦に備える為に、「韓倭連合国」の畿内・河内進出を招いたと考えている。

また、溝口氏が説くように高句麗戦の敗北が新しい神話＝（思想・文化）導入の契機だったとしても、それを受け入れる何らかの下地が必要だと思うが、四世紀にはそれらしきものは見いだし得ない。溝口氏が説くように白村江の惨敗が律令体制を構築していく契機になっているのは事実と考えるが、しかし律令体制移行への下地があって可能であった。「日本書紀」に書かれている「大化の改新」の勅の存在は信用出来ないとしても、白村江敗戦前の孝徳天皇期に一定程度の下地（例えば「評《こおり》」の設置）があって、天智天皇期の中央集権化があるのは事実である。黒船来航と明治国家の創設も然りである。何の下地もなく、ヤマト王権が今までの神話を捨てて、新しい神話を導入出来たとは思えない。やはり、新しい神話は旧来からのヤマト勢力が導入したのではなく、河内の新勢力である「韓倭連合国」が、朝鮮半島から持ち込んだと理解する方が合理的である。

3節　「王権神話の二元構造」と氏姓制度の二元性

（イ）二つの神話大系を、別々に担っている氏族グループ

続いて、「神話の二元構造」という外来と土着、二つの文化（この場合主として神話や神々）が、別々の氏族グループによって、はっきりと分れて担われている現象があると論じている。つまり、氏姓制度で

はアマテラス系神話を奉じる臣《おみ》・君《きみ》・国造《くにのみやつこ》グループと、もう一方の、タカミムスヒ系神話を奉じる連《むらじ》・伴造《とものみやつこ》グループの、二つのグループに分れると示唆している。

氏族が天つ神系神話を奉じるグループと、国つ神系神話を奉じるグループに分れていることは、まだ作業途上の仮説段階であるとしながらも江上氏が論じていたことであり、これは「騎馬民族征服王朝説」にとっては、征服の痕跡を示す、中核となる理論だと考えている。それがほとんど論証されたと言って良い。

神話の二元構造で、タカミムスヒ系神話とアマテラス系神話は其々どの氏グループによって担われていたのか。氏は姓《かばね》と呼ばれる称号を持っていて、上級の氏は「臣《おみ》」・「連《むらじ》」・「君《きみ》」の姓《かばね》に分れていた。この姓《かばね》は二大別出来て、一方は氏の名に「地名」をつけている「臣」・「君」のグループとして、例えば臣では「平群《へぐり》」「巨勢《こぜ》」「紀」であり、君では「上毛野」「大三輪」「宗像《むなかた》」の各氏がある。他の一方は、王権内での「職名」を氏の名にしている「連」グループで、例えば、「大伴」「物部」「中臣」の各氏である。このように氏の名前から二大別出来る。溝口氏は姓《かばね》の成立は、早くて六世紀後半以降からとしているが、グループ分け自体は五世紀段階からあったという。

この二大別出来る氏グループ分けと、二つに分れている神話を奉じるグループとが、それぞれ結びついて、タカミムスヒ系神話は「連」系グループに結びつき、イザナキ・イザナミ系神話（アマテラス系神話）は「臣」・「君」系グループに結びついているという。

まず、氏グループと大王《オオキミ》及び神話との関係について、「アマテラスの誕生」第3章から引用する。

『第一章でみたように、五世紀前葉にヤマト王権が発足するころ、日本はまだ豪族連合段階で、「倭王」は盟主的な存在にしか過ぎなかった。その盟主的勢力の一つであったのちの大王家が、北方系の天降り神話や統治方式を取り入れてヤマト王権を発足させると、豪族たちは、大王家との関係の取り方によっていくつかのグループに分かれていった。そのグループ分けが「臣」「君」「連」となって、のちのちまで残ったと考えられる。このグループ分けは、ある意味では江戸時代の親藩・譜代・外様といった色分けにも似た、基本的に大王家との政治的な距離の差による類別である。

「連」は、大王家の同伴者として、その配下に入った豪族であり、「臣」「君」は大王家に比肩する勢力としての自負をもつ半独立的な豪族で、そのなかの有力な氏は、大王家とともに政権を担った。そこで「連」(のなかの多くの氏)は、表にみるように大王家が皇祖神＝国家神として奉じるムスヒの神や、また同じ仲間のニギハヤヒなどハヤヒの神を、自分たちもみずからの先祖神とした。すなわち「連」は王権が掲げる国家神を、自分たちの神としたのである。

「臣」と「君」(の一部)については先祖伝承の成立時期に諸説あって、現在まだ定説が形成されていないが、とりあえず大王家と遜色のない家柄の出であるとして、古い伝説時代の天皇に出自を求めたといっておこう。そして「君」のなかのまた別の一部は、弥生以来の土着の伝統を守り受け継いで、スサノヲ・オオクニヌシなど土着の神々にアイデンティティを求めた。

「臣」「君」「連」の成立過程と、その出自との関係についてごく大まかにいえばこのようにいえる。』

溝口氏は、「臣」と「君」(の一部)姓の先祖は、古い伝説時代の天皇に自らの出自を求めていると述べている。これは自らの出自は大王家と遜色がない家柄だと主張しているのではないかと溝口氏は「とりあえず」の推測をしており、臣姓の氏族には、平群《へぐり》氏や、葛城《かつらぎ》氏そして蘇我氏など大王家に負けないくらいの権勢を振るった氏族がいたので、私も「とりあえず」はそう思う。更に、溝口氏は、古い伝説時代の天皇に自らの出自を求めていると指摘していることは重要で、江上氏も、存在していない伝説上の天皇に、自らの出自を求めている事の重要性を指摘していた。

君姓には比較的に新しい伝説時代の天皇を、自らの出自としている氏族(例・上毛野など)以外に、ストレートに自らの出自を大国主などの土着神話の神としている氏族(例・大三輪など)もいる事などから、「臣」・「君」姓の氏族はアマテラス系(イザナキ・イザナミ系)神話の担い手だと示唆した。

続いて、中級氏族について述べているので以下引用する。

『「伴造」と「国造」

ここで、後の話との関係もあるので中級クラスの氏についても簡単にふれておこう。「日本書紀」を見ると、詔勅の最初などに「臣・連・伴造・国造」というよびかけがあるのをしばしば目にする。これは要するに支配層の氏を総称していう用語であって、そのなかで最も代表的なものをとり出していっている。

したがって上級のカバネである臣・連・君のうちの「君」は省略されているし、中級の豪族にしても、実際には伴造・国造だけではなく、それ以外にさまざまなカバネをもつ氏が多数ある。

その、中級クラスの代表の一つである「伴造」は、連の下位に位置する、王権直属の特定の職業に従事した官人で、連と同じく「鏡作造《かかみつくりのみやつこ》」・「馬飼造《うまかいのみやつこ》」・「日奉造《ひまつりのみやつこ》」というように、多くの場合、職業名を氏の名にしている。これにたいして「国造」は、臣・君に近い性格の氏で、「大和国造」・「紀伊国造」・「武蔵国造」というように地名を名にしている。もともとその地を支配していた豪族が、地方官に任命されたもので、時代によって差はあるが、半独立的な性格をもっている。

もう一度繰り返しておくと、上級の氏のなかには、一方に、土地に根を張った、大王家との関係でいえば半独立的な「臣」「君」のような氏グループがあり、また一方には大王家直属の、大王家と一体的な「連」と称される氏グループがあった。大王家が新たに取り入れた外来の北方系の神話や神々は、後者の「連」系の氏グループによってもっぱら担われ、土着の、弥生以来の神話や神々は、「君」系（のなかの一部）の氏グループによって担われるという現象が、ヤマト王権下では起きていたということである。

なお、同じ「君」、あるいは「連」のグループのなかに、先祖伝承の種類を異にする氏がなぜあるのかという問題や、平安初期に編纂された氏族書『新撰姓氏録《しんせんしょうじろく》』によると、土着の神話や神々を担う人々が思ったより少数であることなど、疑問点は種々あるが、それらの問題については別の機会に譲りたい。

ともかくヤマト王権時代の支配層は、このようにしてこの時代の神話や神々の二元構造、すなわち世界観や思想・文化の二元構造を、氏グループに分かれた形でわけもっていた。』

ここで溝口氏は、「『新撰姓氏録《しんせんしょうじろく》』によると、土着の神話や神々を担う人々が思ったより少数であることなど、疑問点は種々あるが、」と述べているのは、オオクニヌシなどのアマテラス系（イザナキ・イザナミ系）神話の神を先祖としている氏族とは『新撰姓氏録』の分類での「地祇」系氏族のことで、タカミムスヒから逆転してアマテラスが皇祖神になった割には、担っている氏族の数が少ないことを言っており、その問題等については、別の機会に譲ると述べている。

ここでは「連」・「伴造」系氏族は明確にタカミムスヒ系神話の担い手としているが、「臣」・「国造」系氏族については、一部はイザナキ・イザナミ系神話の担い手としているのみで、全てがイザナキ・イザナミ系神話の担い手であるかについては、ともかく大和王権の支配層は、神話や神々の二元構造を、氏グループに分かれた形で分け持っていた、と述べるのみであった。

しかし、直木孝次郎氏は「王権神話の二元構造」を読んだ後に、溝口氏の説を発展させて、「臣」・「国造」系氏族は、自らの先祖をタカミムスヒ系神話の皇孫である天皇であるとしながらも、イザナキ・イザナミ系神話は血統を重視していないので、タカミムスヒ系神話ではなく、「地祇」系氏族と同じくイザナキ・イザナミ系神話を奉じていたと論じている事を次に述べる。

（ロ）直木孝次郎氏が論じる氏姓制度の二元性

直木孝次郎氏らが提唱する「河内王権（王朝）」論とは、簡単に言うと、四世紀末から五世紀初頭の応神天皇の頃に、河内王権（王朝）が誕生して、四世紀の第一次ヤマト王権（王朝）に取って代わったという、王権（王朝）交代説である。つまり、私たちが教科書で教わった歴史とは異なり、四世紀末か五世紀初頭に歴史の大きな断層があるとして、五世紀初頭頃に新王権（王朝）が誕生したという説である。この河内王権説の直木氏が、溝口説を手がかりにして、氏姓制度の二元性について述べている。「直木孝次郎古代を語る　5　大和王権と河内王権」（吉川弘文館）所収の「河内王権と日本古代の王権神話―溝口睦子氏の説を手がかりに―」から引用する。

『こう考えてよければ、五世紀に河内地域に多く居住していた連姓氏族の前身氏族たちは、ムスヒ系神話の主神であるタカミムスヒの直系の子孫と信じられた王を中心に、一つの政治的結合体―初期の国家を形成したと思われる。それは将来連姓豪族に発展する氏族を下部組織とする政権の成立を示唆する。

（中略）

右に述べたように、ムスヒ系神話を奉じ、ムスヒ系の神々を祖とする連姓氏族の前身氏族が河内政権を構成していたとすると、河内政権成立以前、私のいう第一次ヤマト政権を構成する主要な氏族は、もう一つの大きな神話体系であるイザナキ・イザナミ～アマテラス系神話と神々を奉ずる氏族であったと考えられる。その氏族は古代の日本で連姓氏族とならんで有力な臣姓氏族の前身氏族と考えてよかろう。「日本書紀」をみると、朝廷に仕える氏族を総称するのに「臣・連・国造・伴造」または「臣・連・伴造・国造」と連称する場合の多いことはさきにふれた。右の連称で連に対するのは臣、伴造に対するのは国造で、連・伴造と臣・国造が対応する。このことから国造も臣姓氏族とともにイザナキ・イザナミ系神話を奉ずる氏族と解してよかろう。ただし臣というカバネが四世紀代にはまだ成立していなかったように、国造という地位・名称も四世紀には成立していない。だから第一次ヤマト政権でイザナキ・イザナミ系の神を奉じたのは国造の前身の地方豪族であるが、もう一つ注意しておきたいのは、四世紀のヤマト政権の支配の及んだ地域は六・七世紀にくらべるとかなり狭いことである。』

この文書はいわばイントロ部分で、続いて第一次ヤマト政権の詳細な研究結果を述べたあとに、「臣」・「国造」系氏族はイザナキ・イザナミ系神話を奉じていたと論じている。以下引用する。

『そうした国造の前身の氏族の一部が、大和を中心とする臣姓氏族の前身氏族とともに第一次ヤマト政権を構成したのであろう。そしてそのあとから、ムスヒ系の神を奉ずる連姓前身氏族が進出して、河内政権を形成したと解される。

このようにみてくると、溝口氏の提起した「王権神話の二元構造」説は、七世紀以前の日本古代史の展開を考える上に非常に有益であることが理解されよう。

臣・国造氏族とイザナキ・イザナミ系の神の関係

臣姓氏族と国造氏族が土着性の強いことを主な理由として、それらがイザナキ・イザナミ系神話を奉ずる氏族であることを論じてきたが、この考えが成立するためには、これらの氏族が土着性に強いだけでなくイザナキ・イザナミ系の神々と深い関係にあることを明らかにする必要がある。すでに述べたようにタカミムスヒ系の神話では、首長であることの資格に血統を重んじるが、イザナキ・イザナミ系神話では能力・資質を重んじる。それゆえ臣や国造の氏族がイザナキ・イザナミ系の神々の子孫である必要はないが、何らかの意味で関係の深いことは必要な条件である。それを証明するのは困難が多いのであるが、その可能性のあることを以下に述べる。』

直木氏はこの文章の後に、詳細に論じておられるわけだが、何しろこの論文は研究者向けと思われる「『日本書紀』研究」25　二〇〇三年九月号に掲載されたもので難解であるが、「皇別氏族」、すなわち、「新撰姓氏録」で皇室の系統とされている氏族が、キーワードである。(この氏族は継体朝以降の「公《きみ》」姓を名乗った「皇親氏族」とは全く別で、ほとんどが臣姓である。)

「皇別氏族」である臣姓氏族は、伝説時代の天皇を始祖としている。欠史八代の伝説上の天皇が書紀編纂者により創造されたのは七世紀であり、イザナキ・イザナミ神話を奉じながらも、この神話では血統を重視しないので、七世紀以降に伝説上の天皇を自らの始祖にしたという説を論じている。以下同様に論じていた江上説の一部を「騎馬民族国家」から引用する。

『それでは、このような畿内およびその周辺の臣姓土豪の出自関係は、どうなのであろう。太田亮氏や直木孝次郎氏が関係史料によって整理されたところによると、圧倒的多数が、神武から孝元までの諸天皇の後裔であり、したがって『新撰姓氏録』では、皇別、すなわち皇室の系統とされている。しかしそのような所伝がまったく信用できないことは、そもそも神武から孝元・開化までの諸帝が実在しない天皇であることから明白で、そのような実在しない天皇に出自を求めているのは、実在した天皇に出自を関係づけられなかったことを、逆に暴露しており、皇室とは無関係な出自に相違ない。』このように江上氏は論じていた。

以下直木論文の「むすび」から、結論的部分を引用する。

『この説のもとになる拙稿「応神王朝論序説」を一九六四年に発表してから三六年たった二〇〇〇年に、溝口睦子氏の労作「王権神話の二元構造」が公にされた。それによると日本の神話には、民衆の生活と結びついた豊富多彩な内容の神話群を持つイザナキ・イザナミ系の神話と、神話としての内容はこれにくらべると貧弱であるが、政治的には高度な内容を持つムスヒ系の神話とがあり、日本の王権の由来を語る「記・紀神話」はこの二つの神話体系によって構成される、という。前者の神話は土着的であって、その起源は古く（溝口氏は弥生時代にさかのぼるとする）、後者は大陸とくに北アジアや朝鮮の神話との関係が濃厚で、日本での形成は前者より新しい（溝口氏は五世紀ごろと想定）とされる。

この二つの神話の関係は私の構想する第一次ヤマト政権と河内政権の関係によく似ている。つまりイザナキ・イザナミ系神話は臣姓前身氏族による第一次ヤマト政権に、ムスヒ系神話は連姓前身氏族による河内政権に、起源・特色が対応するのである。私はこの対応関係は偶然ではなく、溝口氏がすでに示唆されたところであるが、臣姓前身氏族の奉ずる神話がイザナキ・イザナミ系神話であり、連姓前身氏族の奉ずる神話がムスヒ系の神話ではないかと考え、そのことの論証を試みた。それが本章（「河内王権と日本古代の王権神話」）である。論証の細部はともかくとして、大綱が認められたならば、私の河内政権論は大きな傍証を得たことになる。』

直木氏は、「溝口氏がすでに示唆されたところであるが、臣姓前身氏族の奉ずる神話がイザナキ・イザナミ系神話であり、連姓前身氏族の奉ずる神話がムスヒ系の神話ではないかと考え、・・・・」と述べた後、溝口説を発展させて、氏姓制度の二元性を論証している。この氏姓制度の二元性は、第一次ヤマト王権と河内王権とを分ける、直木説にとっては重要な理論である。

江上氏は『この氏姓制度における二元性が、一つのものから他のものに分化・派生して生じたというような副次的なものではなく、発生的に全く別個のものの併存的存在として理解されねばならないということであろう。』と述べていたことは、重要な示唆であった。神話の二元性は「全く別のものの併存的存在」であることが、溝口氏により論証され、その事により氏姓制度の二元性も「全く別のものの併存的存在」

である事も直木氏により論証出来た。

これは大和朝廷（王権）の創始・発展にとり重要な問題を提起している、つまり、初期ヤマト王権は別の王権へと交代した痕跡（証拠）だといえる。

またそれだけではなく、直木氏は『このようにみてくると、溝口氏の提起した「王権神話の二元構造」説は、七世紀以前の日本古代史の展開を考える上に非常に有益であることが理解されよう』と評価している。つまり溝口説は、七世紀以前の古代史の展開を考える上に、有力なツールだという。

（八）神話の二元構造と、二つの思想・文化グループ

今までは、氏姓制度の天つ神系と国つ神系などという二元性は、実態としては例示出来ても、「記・紀神話」という一つの神話が持つ二元性と理解したために、その概念が漠然としていた。その現象として現れている漠然としたものが、「建国神話の二元構造」論として、そもそも別々の神話だったとして、氏姓制度の二元性も、各々の氏族が持つ別々の思想・文化の並存とされた。何故神話の並存が、思想・文化の並存になるのか。溝口氏は「神話」は基本的に無文字社会の産物であるとした後に以下を述べている。「アマテラスの誕生」序章から引用する。

『「神話」は、文字による表現とは、その発想や表現技法の上に、根本的な相違がある。その違いについての議論をここで展開しようというのではないが、ちょっと想像してほしい。もし仮に現代の歴史書や

哲学書のような文章を、文字のない社会で口頭で語ったとして、それが人々の頭にきっちり入るだろうか。また長く記憶されるだろうか。文字のない社会で一つの思想を人々に伝えるには、それが聞いている人の脳裏に鮮明な画像となって残ることや、一度聞いたら忘れられないインパクトのある物語であることが要求される。そうであってはじめて、多くの人に同じようにその物語が記憶され、何代も世代を超えて受け継がれることが可能になる。

神話の特色はむろんこれだけではなく、発想そのものや背後にある自然観にも違いがある。しかしそのような違いをもちながらも、神話が自然観・世界観や、政治思想など、その時代の人々にとって欠くことのできない思想や文化を、言葉で表明した作品だという点では、現代の文学や歴史・思想書と少しも変らない。その意味で本書は、たとえば天孫降臨神話を古代の「政治思想」とよぶなど、神話を現代の思想や文化と同じものとして捉えている。すなわち神話には、たしかに文字使用以降とは根本的に異なる神話独自の発想や技法があるが、しかしそれが言葉による思想や文化の表明である点では、文字使用以降の作品と少しも変らない。このことをはじめに念頭に置いておきたい。』

この様に、溝口氏は神話とは、無文字社会の「思想や文化」であるとしており、神話を歴史学の対象として扱うのだから私もそうすべきだと思う。「タカミムスヒ系神話」と、「イザナキ・イザナミ系神話」を「思想や文化」という概念にすることにより、騎馬民族征服王朝説での「氏姓制度の二元性」は、今までは漠然とした現象に基づく仮説とせざるを得なかったのが、「科学的な根拠」を持つ確たる学説になったと思う。つまり五世紀以降の氏族は、後の姓《かばね》では「連」・「伴造」などとなる外来文化・思想を持つ氏族グループと、「臣」・「国造」などの姓《かばね》になる土着文化・思想を持つ氏族グループに分かれていたと論証された。氏姓制度の二元性は、各々の氏族グループが持っている思想・文化の違いから来ており、土着の思想・文化を持っている氏族と、新たに来入した外来文化を持つ氏族が併存していたということである。

つまり、氏姓制度の二元性は騎馬民族来入の痕跡であり、新たに朝鮮半島から来入した氏族の移動は、単に渡来人の来入という規模を越えて、畿内の氏族を二分するほどの規模の来入だったことを示す痕跡だった。臣・国造グループは従来の土着豪族であり、連・国造グループは加耶（任那）から天皇氏に随従してきた豪族であった事が証明出来る。江上氏は「騎馬民族国家」で次の様に述べていた。

「もし天皇氏に有力な軍事協力者がなかったならば、日本各地に蟠踞していた土着の豪族―その多くは後世、臣姓や直姓の氏となったと思われる―をとうてい征圧することはできなかったであろうから、天皇氏の日本征服にあたって、兵力や職能をもってこれに協力し、南鮮から北九州へ、北九州から畿内へと天皇氏に随従したものもあったに相違ない。そうして、そのようなもののうちに、この二武神・五部神の扈従伝承で暗示されているように、後世、連姓・造姓の氏となったものが少なくなかったであろう。」

溝口氏の研究成果は、本人が意図していなくても、「騎馬民族征服王朝説」に科学的な根拠を与える、有力な学説になっている。

以上述べてきたように、溝口氏の「王権神話の二元構造」説は、騎馬民族説を傍証する有力な説である。

この説が発表されたのは二〇〇〇年であり、その二年後に江上氏は他界されているので、溝口説を知る事なく他界されたのではないかと想像するが、もし読んでおられたとしたら、おそらく自説を強力に傍証する説の登場だと喜び、直木孝次郎氏同様に、溝口説を駆使して自説を補強したと思う。江上氏は氏姓制度の二元性について「騎馬民族国家」（中公文庫）で、まだ「作業仮説のメモ」にほかならないとしながらも、かなりの長文（二一ページ）を記載している。江上氏が、氏姓制度の二元性を論じている二一ページにわたる長文の、直前に述べている文章を以下に引用して本章を終える。

『そこで、かねてから、大和朝廷国家と大陸の騎馬民族国家の比較研究を意図していた私としても、現在の時点において、私なりの比較研究をすすめ、それによってみちびかれる結論のようなものを、作業仮説として立てておくことは、将来いっそう条件がととのった時期における、本格的研究のためにも無用ではあるまい、と考えるにいたったのである。以下は、そのような考えではじめられた、私の比較研究のメモにほかならない。』

江上氏はこう述べたあと、作業仮説として氏姓制度の二元性を論じたが、それが、溝口氏の「王権神話の二元構造説」により論証可能になった。「臣」・「君」・「国造」グループと、「連」・「伴造」グループが、どのように存在していて、何故、グループ分けがあったのか等を研究すると、騎馬民族来入説に至ると考えている。

5章

「任那」問題を解明すれば騎馬民族説が浮上

1節 任那と加羅と加耶、その言葉の用法について

江上氏が著書「騎馬民族国家」(中公文庫)を書いた一九六〇年代の日本の教科書では、古代朝鮮の地図に「任那」の地名が見られ、その範囲は、朝鮮半島南部のかなり広い地域に及んでいる。本文には、「任那と呼ばれた地には、大和朝廷が役所(日本府)をおいて、支配していた」と書かれている。「日本書紀」や広開土王の碑文により、七〇年代までは日本が朝鮮半島南部を支配していたと考えられていたからだ。

加羅とは加耶とも書かれ、同じ地域の異なる漢字表記である。今日では「加耶」を使うのが一般的で、百済でもなく新羅でもなく、その中間地帯である旧弁辰(弁韓)の地を指して使われている。しかし、私は私は学校で「任那」とは、この「加耶」の地域プラスその西側の栄山江流域を含むかなり広大な地域で、日本が支配していたと教わった。「日本書紀」では、例えば継体六年条(五一二年)の任那四県割譲の記事など、そのようにしか理解出来ない記事があるからだろう。

しかしそもそも、四県割譲の記事に書かれている「国守《くにのつかさ》」とは、律令体制下の「国司」の長官の名称であり、律令体制はもっと後の時代であって、この当時は存在しなかった官名が記載されている事から、四県割譲という記事は疑ってみるべきである。しかも県《あがた》の成立は畿内から始まっており、遠く離れた朝鮮半島に当時、県が存在したとは思えず、四県という倭が直接支配した地域はありえないといえる。四県割譲とは「日本書紀」特有の、「東夷の小帝国主義」という小中華思想の産物でしかなく、私たちが学校で教わった「任

那」という考えは今日では否定されている。

二〇一〇年の教科書では、地図には朝鮮半島南部に「加耶」の地名が見られ、(任那)とカッコ書きになっている。本文には、「加耶地方は小さな国に分かれていた」と記されている。このように江上氏が「騎馬民族征服王朝説」を公にし、それを書物(「騎馬民族国家」)にした時代と、今日とでは「任那」の用法は大きく異なっており、我々団塊の世代が学校で教わった「任那」とは、今日では「加耶」といわれている。

「日本書紀」の「任那」の用法は、書紀が書かれた時代のいわば日本の小中華思想が濃厚で、これが戦前の植民地支配の歴史とも重なり、古代日本が朝鮮半島南部を支配しており、そのための総督府が任那日本府だったという歴史観が戦後も長く残っていた。ベストセラーであった中央公論社発行の「日本の歴史1巻」(中公文庫版は一九七三(昭和四八)年初版発行)は、このような歴史観であり「日本の総督府(任那日本府)」と記載されている。

七〇年代に至っても任那と加耶の研究水準はこのような状態であり、江上氏が「任那」や「任那日本府」等の用語を用いている箇所は、当時の歴史学会の水準を考慮して慎重に読むべきである。この日本による南朝鮮支配という歴史観は今日では否定されており、その際に使われていた「任那」の用法は慎重に使うべきで、もし、「任那」を使うにしても加耶全域を指すのではなく、金官加耶国を指すのが基本と田中俊明氏は述べている。この指摘を踏まえた上で以下述べる。

「任那」は私が学校で習った頃は「ミマナ」と読んでいた。その語源については諸説があるが、既に述

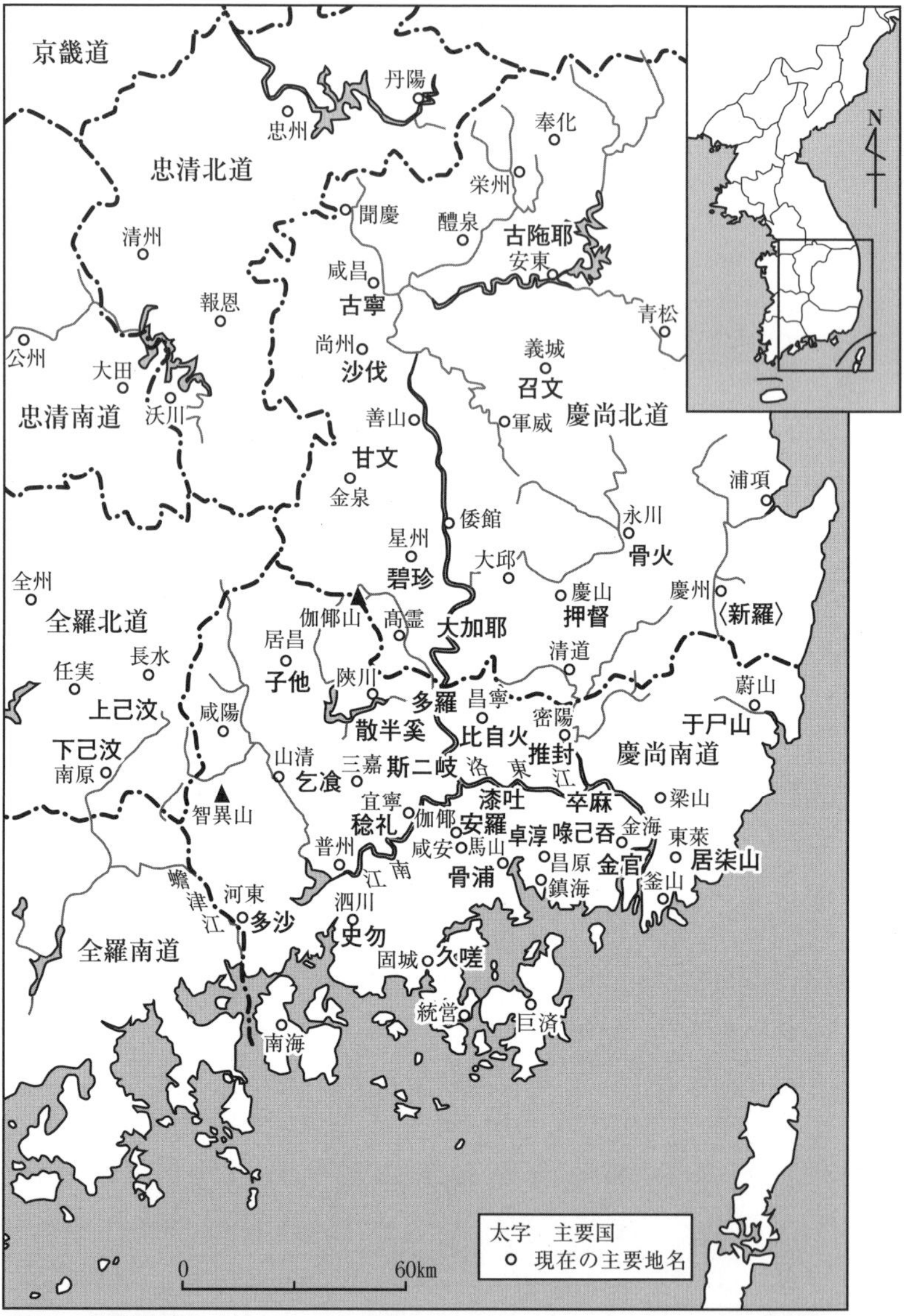

●———加耶諸国図

加耶諸国図

田中俊明「古代の日本と加耶」（山川出版社）P10

べてある通り、王の国という意味で、固有名詞というよりは美称・尊称である。歴史上最初に「任那」が登場する史料は広開土王碑であり、そこに刻まれている文書は、高句麗が新羅の都にいた倭を追い払って、「倭の背後より急追して任那加羅に至り、抜城《ばつじょう》を従え、抜城はすぐに帰服した。」と刻まれている。原文は「背急追至任那加羅従抜城城即帰服」。高句麗が占領した任那加羅の「抜城《ばつじょう》」（従抜城と読む説もある）とは特定の地域を指していることから、「任那加羅」とは、一つの地域のことであり、任那加羅とは「王の国・盟主国である加羅」と解釈出来る。つまり任那と加羅は同義語で、金官加耶国の別称が任那であるという説である。

しかし、次に任那が書かれている宋書倭国伝では、「使持節都督倭・新羅・任那・加羅・秦韓・慕韓六国諸軍」と書かれており、任那と加羅は其々が固有名詞となっている。すると任那とは広開土王碑からして、南の金官加耶のことであり、加羅とは五世紀中葉以降から加耶諸国の盟主となった北の大加耶・版跛《はへ》が想定され、任那と加羅とは別の地域説となる。

私は、宋書倭国伝と広開土王碑から、任那は金官加耶を盟主とする豪族国連盟地域として、金官加耶一国よりもっと広い地域としても理解すべきだと考えている。

その理由の一つに、広開土王碑には高句麗が任那加羅へ攻め込んだ時、安羅人戍兵《じゅへい》が反撃したことが書かれていることがある。安羅《あら》という国ではなく、安羅人戍兵《じゅへい》すなわち安羅人の守備兵が反撃したという記述である。安羅《あら》という国は、金官加耶の西隣にある喙己呑《とくことん》の西の卓淳《とくじゅん》の更に西にあったと考えられている国である。任那加羅の守備兵に安羅人がいることから、「任那加羅」を任那地域の中の加羅と解釈して、任那とは金官加耶国だけではなく、安羅国等を含む金官加耶を盟主とする豪族連盟地域総体を指す用法も考えられる。

このように理解すると、宋書倭国伝での任那は金官加耶を盟主とする豪族国連盟地域であり、加羅はその北にある高霊・版跛《はへ》を盟主とする大加耶と呼ばれている豪族国連盟地域とすれば、宋書倭国伝の記載がよく理解出来る。

広開土王碑の書かれた五世紀初頭は、まだ大加耶連盟はまだ出来ておらず、任那加羅という表記で金官加耶を盟主とする豪族連盟を意味することが出来た。しかし宋書倭国伝の時代になると、加羅（加耶）の中心として任那の北から西に大加耶連盟も出来てきて、新旧二つの中心勢力になったので、南の古い金官加耶を盟主とする連盟を単に任那とし、北の新しい大加耶連盟を加羅として、中国南朝の宋は任那と加羅を別の地域として理解していたと思われる。また、当時の倭もこの任那と加羅の分け方を受け入れた上で、倭王「武」は例の長たらしい将軍号の除正を願い出ている。つまり、倭王「武」（雄略天皇）の時代には、「日本書紀」欽明天皇紀の記載のように「任那」の用法で加耶諸国を代表させる考え方をとっていなかったと言える。

「日本書紀」でも、宋書倭国伝のように「加羅」と書いて大加耶を意味すると思われる処が散見される。

西の百済と東の新羅に挟まれた三世紀の弁辰（弁韓）の地は、旧来の定説では四世紀前葉以降は任那とされていたが、近年の定説通り「加耶」とした上で、この小論を書く都合上の、私なりの「任那」の定義をしておく。

加耶の地域のうち南の金官加耶を盟主とする、安羅や卓淳を含む連盟地域を広義の「任那」とする。金官加耶滅亡後も、この地域を総称するか、またはその一部を称するものとして「任那」と言う呼称が残ったものとする。ただし日本ではこの呼称は残ったが、朝鮮半島ではほとんど使われなくなっていた。一方狭義の「任那」としては金官加耶国を指すものとする。このように、「任那」は広義と狭義とで二つの解釈があるものとする。

同様に大加耶も広義と狭義の二通りの解釈があるものとする。

つまり、加耶には四世紀の前葉に出来た金官加耶国を盟主とする連盟と、五世紀中葉以降の版跛《はへ》国を盟主とする二つの連盟が出来て、任那も大加耶も其々の盟主国（金官と版跛）を呼称する尊称・美称であるが、この尊称・美称をもってそれぞれの連盟地域総体を指して呼ぶことがあるという解釈を取る。

この私の考えは、「前期加耶連盟」と「大加耶連盟」という考えと概ね一致するが、「日本書紀」の「任那」という考えとは一致していない。「日本書紀」は時代が下るにつれて、「任那」の地域が拡大していき、継体天皇紀以降は「任那」で加耶全域を指している事が多い。当然「日本書紀」には「任那連盟」と「大加耶連盟」という考えはない。

2節 「日本書紀」に記載されている「任那」の虚像と実像

現代語訳の「日本書紀」を読んでみて感じるのは、七〇年代までに書かれた歴史書から抱くイメージ、つまり私たちの世代が学校で教わった「任那」とはかなり異なっていたという感想である。つまり、「国《くにの》守《つかさ》」とか「国司」とか（当時はあるはずもない、後の時代になって使われる文字）が記載されている所伝は眉ツバものとし、かつ、神功皇后紀という実在しない人物のところで書かれている所伝と、その神功皇后紀に登場する人物が、他の天皇紀で再登場する所伝は疑ってかかって読んでみる事にした。つまり、葛《かつら》城《ぎ》襲《そ》津《つ》彦《ひこ》等が絡んでいる物語も、取りあえず疑うことにした。そして、他を素直に読んで見ると、私たちが通説と思っていた「任那」とは、かなり違ったことが書かれてあった。

（イ）没落期以前の任那（加耶）

「任那」という言葉は、広開土王碑以外には朝鮮側史料としては二例ある。「真教大師宝月凌空塔碑」という金官加耶の王族の子孫である僧侶の碑文と、「三国史記」「強首伝」のなかの「任那加良」で、広開土王碑を入れても三例のみであるという。あまりにも朝鮮側史料が少ないので、任那は存在しなかったと考える人がいるかもしれないが、それはあり得ない。何故ならば広開土王碑は同時代史料であり、しかも宋書にも任那は書かれている。

何故朝鮮半島では任那が使われている史料が少ないのかという問題は、申《シン》氏の五世紀初～前葉に金官国が事実上滅亡したという新たな提言で解決出来る。この事実上の金官国の滅亡の後、新たに金官国を名乗る邑《ゆう》が現れるが、この金官国は滅亡した金官国と異なるので、加耶諸国からは任那という尊称で呼ばれなかったからではないか。つまり任那という尊称で呼ばれる国が無くなったからではないかと推測する。この推測が正しいとすれば、任那が朝鮮側史料では少ないということは、申《シン》氏の新たな提言は真実を含んでいるということの痕跡（史料）という事になる。

朝鮮側史料と異なり、「日本書紀」では数多く「任那」が登場する。小学館発行「日本古典文学全集」の「日本書紀」の地名索引によると、実に六五回も登場する。しかし大部分は、「任那」が没落していく継体天皇紀以降で、その前は崇神天皇紀一回、垂仁天皇紀一回と、応神天皇紀と雄略天皇紀及び顕宗天皇紀のそれぞれ二回の合計八回にしか過ぎない。この八回の記載内容は、「任那」の実像を探る上では重要だと考えている。

崇神天皇紀と垂仁天皇紀の記載については、既に「3章1節騎馬民族征服王朝の否定説について」の中で、金官加耶国の名をミマキイリヒコ（崇神天皇）の名前をとってミマナと改めさせた逸話などを紹介してある。ここでは、「任那」の用法は金官加耶国の意味で用いている。

その後の神功皇后紀には任那という文字はなく、応神紀になって再登場する。応神七年条に任那人が来朝したという記事と、二五年条には「百済記」によると木満到は任那を専らにしたという記事を載せている。応神紀には加羅国も出てくるが、それと任那とは同じ意味かどうか解らない。しかし、ここでも任那とは金官加耶国を意味していると思われる。

これに続く、仁徳から安康天皇まで五代の紀には任那は書かれてはなく、時代はかなり下って雄略天皇七年条で、吉備上道臣田狭《きびのかみつみちのおみ》の妻を天皇が召す為に、彼を任那の国司に追いやった物語が記載されている。この頃から「日本書紀」に書かれる任那は、金官加耶一国よりは広い地域の意味に変化していく。

この物語は、同年条に書かれている吉備下道臣《きびのしもつみちのおみ》を滅ぼす物語とともに、大和朝廷（王権）と吉備の豪族たちの関係を探るものとしては、貴重な史料だと思うが、任那関係の史料としては、当時は存在していない「国司」という官名からして、重要視すべきではないと思う。

しかし、次の雄略天皇八年（四六四）条は貴重な史料である。「全現代語訳　「日本書紀」上」（講談社学術文庫）から以下引用する。

「新羅王は夜、高麗軍が四方に歌う声をきき、新羅の地にことごとく敵が入っていることを知った。そこで任那王のもとへ人を遣わし、『高麗王がわが国を攻めようとしている。いまやわが国は吊り下げられた旗のごとく、敵の思うままに振り回されている。国は累卵の危きにあり、命の長短も計られない。どうか助けを日本府の将軍たち—原文は「日本府行軍元帥等」—にお願いします』といった。

任那王は膳臣斑鳩《かしわでのおみいかるが》・吉備臣小梨《きびのおみおなし》・難波吉士赤目子《なにわのきしあかめこ》らを送り、新羅を助けさせた。膳臣らがまだ途中に軍営して、接触しないのに、高麗の将兵はみな怖れた。」

まず、七年条では任那の国司となっていたものが、この八年条では任那王になっており、国司という官名が当時存在するはずもなく、当然王が任那を支配しており、大和朝廷（王権）は任那を直接支配していなかったことがわかる。更に重要なのは、欽明天皇紀に登場する「任那日本府」の前身と考えることが可能な「日本府行軍元帥等」という文字である。「府」という漢字であるが、何らかの政庁という意味ではなく、常時滞在して任那王から一定程度自立している倭人集団という意味であろう。しかし、何故日本と書かれているのかは謎である。元の朝鮮側資料では「倭府」であったという説があるが、私は「倭人府」であったとしたほうが合理的だと思う。

そして、任那王は日本府の将軍たちに命じて新羅を助けたという記事である。つまり日本府の将軍たちは任那王の指揮下にあるか、もしくは任那連盟を構成する諸国のように任那王を盟主としていることを新羅は知っており、事実、任那王の命令もしくは要請で日本府の将軍たちは新羅を助けたという内容である。しかも翌九年（四六五年）条には、紀小弓宿禰《きのおみのすくね》ら四将軍を派遣して新羅を討つ記事があり、朝鮮側資料である「三国史紀」にもこの戦争は記されてあり、この頃は倭と新羅は戦争状態であったにもかかわらず、任那と日本府の将軍たちは、倭とは異なる外交方針を持っており、新羅を助けたという記事である。

日本府の将軍たちは、任那王の要請に従って新羅を助けたということはどのように理解すべきか。岩波書店発行の「日本書紀」の注釈によると、「任那派遣の官または軍があったに過ぎないと考えられる」とされているが、果たしてそうであろうか。この新羅を助けた翌年に、倭は四人の将軍が率いる軍で新羅と戦争をしており、もし倭が日本府に役人か将軍を派遣していたとすると、日本府が新羅を助けるとは思えない。

ということは、「日本府行軍元帥等」と書かれている倭人集団は、大和朝廷（王権）の指示よりは任那王の指示を重視しているのか、そもそも、大和朝廷（王権）はこの倭人集団に指示を下せる立場にないのか、このいずれかであり、私が学校で教わった「任那」とその「日本府」とは全く異なったことが「日本書紀」に書かれている。

新羅は任那王に頼んで倭人の軍人集団の支援を求めている事は重要である。よく朝鮮側の歴史家が論じる倭人の傭兵集団が加耶に存在していたのか、あるいは、任那には日本（倭人）府と称して、他の任那諸国と同様に任那王を盟主としているが、自らは自立している倭人の軍人集団が存在していたのか、いずれかだと思う。

＊ 注目すべき、帯山城《しとろもろのさし》事件

次の顕宗天皇三年条（四八七年）に書かれている記事は難解であるが、倭と任那と百済の関係と、後の欽明紀に現れる「任那日本府」を探る参考になると思われるので、「全現代語訳　「日本書紀」　上」（講談社学術文庫）から引用する。

「この年、紀生磐宿禰《きのおいわのすくね》が、任那から高麗へ行き通い、三韓に王たらんとして、官府を整え自ら神聖《かみ》と名乗った。任那の佐魯《さる》・那奇他甲背《なかたこうはい》らが計を用い、百済の適莫爾解《ちゃくまにげ》を爾林城《にりんじょう》に殺した。帯山城《しとろもろのさし》を築いて東道を守った。食糧を運ぶ港をおさえて、軍を飢え苦しませた。百済王は大いに怒り、古爾解《こにげ》・内頭莫古《ないとうまくこ》解《げ》らを遣わし、兵を率いて帯山を攻めさせた。生磐宿禰は軍を進め迎え討った。勢い盛んで向う所敵なしであった。一をもって百に当る勢いであつたが、しばらくしてその力も尽きた。失敗を覚り任那から帰った。これによって百済国は、佐魯《さる》・那奇他甲背《なかたこうはい》ら三百余人を殺した。」

百済側の史料によった記事だろうが、要するに任那と百済の戦争の記事である。倭人の将軍が三韓の王たらんとして神聖《かみ》と名乗ったとあるのは、当時の任那は既に衰退期に入っており、任那を拠点に三韓の王たらんと望める状況とは考えられず事実とは思えない。しかし、官府を整えたとの記事から、雄略紀八年（四六四年）条に書かれていた「日本府の将軍たち」が連想され、紀生磐宿禰《きのおいわのすくね》とは、当時は任那や百済に多くいた現地に住み着いた倭人か、あるいは、その子孫（韓子）と思われる。更に人物を絞り込むと、雄略九年（四六五年）に新羅へ派遣されて戦死した将軍「紀小弓宿禰《きのおみのすくね》」の子である、「紀大磐宿禰《きのおいわのすくね》」と考えられる。

紀生磐宿禰《きのおいわのすくね》と考えられる「紀大磐宿禰《きのおいわのすくね》」が書かれている箇所を、「「日本書紀」上」（講談社学術文庫版）の雄略天皇九年（四六五年）条から引用する。

「夏5月　紀大磐宿禰《きのおいわのすくね》は、父が彼の地で死んだことを聞き、新羅に行き、小鹿火宿禰《おかひのすくね》が掌っていた兵馬・

船官と諸々の小官をとって、自分勝手に振舞った」と記載されている。

「生」と「大」とで漢字の違いはあるが、同じ名前であり、かつ雄略紀天皇九年（四六五年）と顕宗天皇三年（四八七年）の記事であり、年令も相応なものとなるので、帯山城《しとろもろのさし》事件の紀生磐宿禰《きのおいわのすくね》とは、この人物と思われる。森公章氏は同じ見解を「東アジアの動乱と倭国」（吉川弘文館）で述べている。また、「兵馬・船官と諸々の小官をとって」（原文は「所掌兵馬・船官及諸小官」）と書かれていることから、雄略天皇八年条に書かれている「日本府行軍元帥等」つまり「日本府の将軍たち」との関係が推測され、雄略天皇九年条に書かれている任那に住み着いた倭人「紀大磐宿禰《きのおいわのすくね》」に、その前年に新羅を助けた「日本府行軍元帥等」を代表させていると思われる。

更に、帯山城《しとろもろのさし》事件の記事の中で、紀生磐宿禰《きのおいわのすくね》に協力して百済と戦い、百済によって殺された任那人「佐魯《さる》・那奇他甲背《なかたこうはい》」の子孫と考えられる人物が、欽明紀五年条の任那日本府の記事に登場している。百済が新羅よりの奸物だとして、再三に渡り排除を訴えている日本府の役人、河内直《かわちのあたい》・移那斯《えなし》・麻都《まつ》の先祖が、帯山城《しとろもろのさし》事件の「佐魯《さる》・那奇他甲背《なかたこうはい》」とされている。先祖が百済によって殺害されているとしたら、彼らが百済に協力的であるはずもなく、納得出来る推測であり、帯山城《しとろもろのさし》事件が「任那日本府」に繋がっている。

百済から再三に渡り解任を要求されている日本府の役人が、帯山城《しとろもろのさし》事件で百済により殺害された人物の子孫とされることにつき、日本府の役人の先祖を述べている部分を、以下岩波書店版「日本書紀」より引用する。

「百済本記に云はく、汝が先《おや》那千陀《なかんだ》甲背《かふはい》・加猟《からふ》直岐《ぢき》甲背《かふはい》といふ。亦《また》那奇陀《ながだ》甲背《かふはい》・鷹奇岐弥《ようがきみ》といふ。語《ことば》訛《よこなまり》りて、未だ詳《つまびらか》ならず。」

注釈によると那千陀甲背《なかんだかふはい》と、次に出てくる那奇陀甲背《ながだかふはい》は同一人物で、顕宗天皇三年条の「佐魯《さる》・那奇他《なかた》甲背《こうはい》」のことであろうとしている。つまり帯山城《しとろもろのさし》事件で、「紀生磐宿禰《きのおいわのすくね》」と共に百済と戦った人物の子孫が、任那日本府の実力者になり、百済から疎まれている。

帯山城《しとろもろのさし》事件（四八七年）で百済により殺された者の子孫が、欽明紀（五四〇年〜）の「任那日本府」の役人になっており、かつ、この事件の首謀者とされている紀生磐宿禰《きのおいわのすくね》は、雄略八年条（四六四年）の「日本府行軍元帥等」との繋がりが推測される。すなわち、欽明紀の「任那日本府」と、顕宗天皇紀の「帯《しとろ》山城《もろのさし》事件」、及び、雄略紀の「日本府行軍元帥等」の記事とは、任那在住の倭人集団という一本の線に結ばれている。この雄略天皇紀と、顕宗天皇紀、そして、欽明天皇紀で一本の線に結ばれている最後に「任那日本府」があることは重要であり、「任那日本府」とは、大和の倭王権との関係は希薄な任那在住の倭人集団を推測させる。

帯山城《しとろもろのさし》事件の記事は顕宗天皇三年条（四八七年）に書かれており、百済は四七五年に高句麗により都の漢山城（今のソウル）を奪われ南の熊津《ゆうしん》に遷都して、次第に復興に向かっていた。この頃の百済王は東《とう》城《せい》王で、日本書記によると雄略天皇二三年条（四七九年）は百済の前王が死んだので、当時倭国に来ていた王を兵士五〇〇人に護衛させて百済に送り、東城《とうせい》王が即位したという。記事はそのままには鵜呑みに出来ないとしても、顕宗天皇三年（四八七年）頃は倭と百済はかなり親密な関係だったと思われるのに、任那と百済が戦争をして百済が勝ったと記載されている。

百済と任那の間には、後に述べる大加耶連盟の己汶《こもん》・帯沙《たさ》等があり、国境を接していないはずで、しかも、任那は衰退期に入っている時期であり、逆に北の大加耶は隆盛しており、大加耶連盟と任那連盟が共同して、大加耶への進出をもくろむ百済の勢力を追い払うために、加耶に住む倭人と協力して百済と戦った記事と思われる。倭と百済が親密な関係と思われる時期にもかかわらず、任那は百済と戦争をしたという「日本書紀」の記事であり、任那は倭とは異なる独自の外交政策をとっていたことになる。

「南斉書」によると四七九年に加羅国王荷知《かち》が中国南朝に使いを送り輔国将軍加羅国王の称号を受けている。前掲の「日本の歴史　1」（中公文庫）では「任那そむく」という小見出しで、いま引用した顕宗天皇三年条（四八七年）の任那と百済の戦争の記事と一緒に、この加羅国王の中国からの冊封のことを載せている。当時（七〇年代まで）の任那に対する歴史観とは、任那王が倭に無断で中国に朝貢する等、独自の外交政策を取ることを、「任那そむく」としていたのだった。今日では、加羅国王荷知《かち》とは任那王のことではなく大加耶王と訂正されているが、この「任那そむく」という文章に代表される日本の直轄支配地「任那」という歴史観は、いまだ色濃く残っていると思われる。

（ロ）狭義の任那（金官加耶）の滅亡

「日本書紀」の任那関係の記事は、圧倒的に没落期から任那滅亡後の記事が占めている。記載回数は先に書いた地名索引によると、継体天皇紀九回、宣化天皇紀一回、そして任那が完全に滅亡した欽明天皇紀に至っては実に三三回も登場する。その後もいわゆる大化の改新（乙巳のクーデター）後の孝徳天皇紀まで、一七回も記載している。

継体紀では、六年条（五一二年）の任那四県の割譲や、七年条（五一三年）の己汶《こもん》・帯沙《たさ》の領有をめぐる百済と大加耶・版跛《はへ》の確執が記載されており、倭は百済の主張を取り入れて、己汶《こもん》・帯沙《たさ》を百済に賜ったと記載されている。しかし、この裁定に版跛《はへ》は恨みを抱き、帯沙などに城を築き倭との戦争に備えた。物部至至《もののべのちち》は百済へ派遣される途中に、水軍五〇〇を率いて版跛《はへ》と戦争をしたが、倭の敗北に終わったと記載されている。この記事から解ることは、版跛《はへ》は大加耶連盟の盟主であり、大加耶連盟は任那連盟の北から西に位置しており、倭の加耶への影響力は大加耶には及んでいなく、しかも、大加耶は倭との戦争に勝利しており、かなり強力な勢力であったことがわかる。

旧来の定説は、己汶《こもん》・帯沙《たさ》領有をめぐる倭の裁定を持って、大和朝廷（王権）が任那（加耶）を支配していたとしていたが、「日本書紀」にはそのようなことは書かれてはいなく、逆に倭と大加耶の戦争のことが書かれてあった。

この百済と大加耶の己汶《こもん》・帯沙《たさ》の領有をめぐる争いの続きは、一六年後の継体二三年条（五二九年）に在り、百済が「加羅」の国の多沙津《たさつ》の領有を願い出たという記事である。ここで書かれている「加羅」とは大加耶の事であり、多沙津《たさつ》とは内陸にある大加耶・版跛《はへ》の外港の帯沙《たさ》の港という意味であり、大加耶にとって新羅の支配下にある洛東江河口は利用出来なかったので、ソムジンガンの河口に位置する外港である帯沙《たさ》の領有は死活問題だった。百済との争いや倭の裁定にもかかわらず、この年まで帯沙《たさ》を大加耶が領有していたことがわかる。

しかし、倭は加羅の反対にもかかわらず、最終的に百済の願いを受け入れて、百済の多沙津《たさつ》領有を認めたので、加羅は新羅と結び、倭を恨み、構えたと書かれてある。それで、加羅王は新羅王の女を娶ったと書かれており、新羅王と婚姻関係を築いたのは大加耶であり、「加羅」の国の多沙津《たさつ》とは大加耶の、帯沙《たさ》に相違ない。

「日本書紀」の継体紀以降では、任那で加耶諸国総体を表している用法が目立ち、大加耶の動向がわかりづらいが、五一三年に己汶《こもん》・帯沙《たさ》が滅んだと一部の歴史書に書いてあるのは誤りで、この頃でも大加耶はかなりの勢力を持っており、帯沙《たさ》に影響力を及ぼしていたことがこの記事からわかる。

しかし加耶は滅亡していき、百済が帯沙を領有したと思われる継体二三年条（五二九年）に、新羅による金官加耶（加羅）の滅亡の記事がある。「日本書紀」の記載が混乱していて、継体二一年条（五二七年）

に「近江の毛野臣が、兵6万を率いて任那に行き、新羅に破られた南《ありしひの》加羅《から》・喙己呑《とくことん》を回復し、任那に合わせようとした。」と書かれており、この時に筑紫の君磐井の反乱があったと記載してある。この年に滅亡したとも思えるが、この文書は怪しげで、近江の毛野臣は誇張があるにしても兵六万を率いて筑紫にいるのに、実際に戦ったのは物部アラカイだと書紀には書いてある。また、古事記のこの筑紫の君磐井の反乱に関する記事には毛野臣の話はない。熊谷公男氏は、講談社学術文庫の『日本の歴史　03』で「527年の記事は『書紀』の編纂者の造作であろう」としており、私も造作だと思う。継体二三年条（五二九年）に、毛野臣を新羅に金官国の独立回復を勧告するために安羅に派遣したと書かれており、五二七年の磐井の反乱の年ではなく、その二年後に金官国は新羅により国土を侵略されたと思われる。なお、南《ありしひの》加羅《から》とは金官加耶（加羅）のことである。

朝鮮側史料である「三国史記」では、五三二年金官加耶国王が新羅に投降して、金官加耶が滅んだとされている。金官加耶が武力侵略されたのは、おそらく五二九年で、この年に近江の毛野臣が安羅へ派遣され、南《ありしひの》加羅《から》・喙己呑《とくことん》を再建しようと安羅で数か月にわたり話し合ったが、話し合いは決裂したと書紀は記載している。

「日本書紀」によると、この任那が侵攻を受けた年＝継体二三年（五二九年）に任那王が来朝し新羅がたびたび領土を侵害しているので助けてくださいと願っており、天皇は任那にいた毛野臣に、任那と新羅を和解させるように命じたという。しかし毛野臣は任那滞在三年にわたるが、任那と新羅を和解させることが出来ず、任那王は毛野臣から離反したと思われる。このあたりの「書紀」の文書にも混乱が見受けられるが、おそらく毛野臣への不信等から、金官加耶国王は五三二年に新羅に投降したのだろう。

「三国史記」では、子供三人を連れて投降した金官国王は新羅では新羅王と同じ金姓を賜り、子供は最上級の官位につくなど破格の待遇を受けたとつたえている。狭義の任那滅亡は、五三二年とすべきだろう。この時に滅んだ国は金官加耶と喙己呑《とくことん》だが、その後に新羅により卓淳《とくじゅん》も滅びていることが、欽明紀の記事からわかる。

任那を侵略していくのは、東の新羅だけではなく西の百済も同様であった。継体二五年条（五三一年）には、百済軍が安羅に至り城を作ったと書かれている。加耶諸国は東西から侵略を受け始めていた。加耶諸国は百済と同盟するか、新羅と同盟するかを選択していくことになる。「日本書紀」をよく読むと、大加耶諸国は倭との同盟により延命していく政策をとったと思えず、百済を頼りにしていたと考えられる。しかし、大加耶諸国を含む「任那」、つまり加耶を日本（当時の倭）が支配していたというのが、七〇年代迄は不動の定説とされていた。

（八）欽明天皇紀における任那と、「任那日本府」

継体・欽明朝の「任那」問題は、すべてが金官加耶＝狭義の任那が武力征圧される事からはじまった。「日本書紀」では、金官加耶＝任那が滅んだ後も大和朝廷（王権）は執拗に「任那復興」に取り組んでいたことを記載している。「日本書紀」では「任那日本府」の記載は、雄略紀八年条の「日本府行軍元師等」の記事を除いては、この任那復興に当たっての欽明紀のみに現れている事に注目しなければならない。奇妙なことに、それ以外では「任那日本府」の記載はないのである。

毛野臣が任那復興に失敗した後は、百済が任那復興に取り組んだことが欽明紀に記載されている。そこには安羅にあった「任那日本府」が書かれており、書紀に記載されているのは百済側の史料「百済本記」に基づくもので、任那日本府の政治姿勢は新羅よりで百済は困っており、任那日本府の役人の解任を要求する百済の文書を、「日本書紀」は長々と引用している。任那日本府については、南朝鮮支配のために常設されていた役所という見解は否定されているが、その実態については諸説があり定説とされるものはまだない。しかし少なくとも欽明紀に書かれている「任那日本府」は、任那現地の倭人と、大和朝廷（王権）から派遣されてきた役人とで構成されていた事は通説と言えよう。だが、雄略紀の「日本府」については謎である。

百済の聖明王はいわゆる「任那復興会議」を度々招集するが、欽明一年と五年の二回しか加耶諸国は応じていない。任那日本府も度重なる百済からの招集に応じなく、百済は倭王権に任那日本府の役人の解任を再三にわたり要求している。欽明五年になりやっと二回目の「任那復興会議」が開催されたが、この会議で聖明王が語った内容を「日本書紀」は記載しており、そこでも任那日本府は新羅よりだとして、倭王権に対して任那日本府の役人を解任する要求が記載されている。欽明天皇紀では、「任那日本府」に関する記事は百済が招集した「任那復興会議」に関する、一年条から五年条の記事に二二例見られ、他には「任那日本府」の記載は三例しかない。しかもそのうちの二例である九年条は、「安羅と任那日本府が高句麗に百済攻めを勧めた」という「任那日本府」への讒言を百済が倭王権に奏上したという、やはり「任那日本府に」対する百済の苦情の記事である。

欽明天皇紀のみに書かれてある「任那日本府」とは、このように百済が呼びかける「任那復興」の旗印の時に、そのほとんどが記載されており、しかも「任那日本府」が「任那復興会議」を招集することは無く、逆に百済からの会議の招集にはなかなか応じようとはしていない。ここから戦前の朝鮮総督府のような役所を想定した人は、皇国史観という毒に犯されていたとしか言い様がない。もっとも戦前の天皇は現人神であり、日本は他の国と違い神国であると信じられていた時代の「日本書紀」の読み方であり、このような皇国史観というフイルター（イデオロギー）を通してしか、理解出来なかったのだろう。

「任那日本府」とは、欽明天皇紀一五年条に「在安羅諸倭臣等」と記載されているものと同じものだという説がある。これらはこの前の時代である、雄略紀の「日本府行軍元帥等」と繋がるものだと推測され、おそらく、現地に住み着いた倭人とその子孫（韓子）の組織と関係するだろう。今日では、「任那日本府」は統治機能や軍事機能は勿論のこと、外交機能さえも保持しておらず、倭王権との関係も希薄であったという、鈴木英夫氏や中野高行氏の学説もある。

「日本書紀」が引用している「百済本記」から読み取れる任那日本府の政策は、安羅と同じく新羅よりの政策であり、自ら「任那復興会議」を召集したことはない。また、当時の加耶諸国の政治地図は、安羅と任那日本府は新羅よりで、大加耶・叛跛《はへ》は新羅王女との結婚後しばらく経って逆に新羅と鋭く対立しており、百済よりに転じていたと推測される。田中俊明氏も「古代の日本と加耶」（山川出版社）で同様の見解を述べている。

欽明天皇二三年条（五六二年）に「新羅が任那の宮家《みやけ》を打ち滅ぼした」と記載されており、滅びた国は一〇カ国で加羅国、安羅国等が書かれている。加羅とは大加耶・叛跛《はへ》のことで、安羅以外の多くの国は百済よりの政治姿勢をとっていた大加耶連盟の国だと思われ、この頃に加耶諸国は全て滅んだ。この時の欽明天皇の詔が「日本書紀」に記載されており、欽明天皇は任那を倭の「君父の国」として考えていたと、既に2章の3節で記載した。詔の全文は長いのでその後半を、「全現代語訳　「日本書紀」下」（講談社学術文庫）から引用する。

「しかるに新羅は長戟《ながきほこ》・強弩《つよきゆみ》で任那を攻め、大きな牙・曲った爪で人民を虐げた肝を割《さ》き足を切り、骨を曝《さら》し屍《しかばね》を焚《や》き、それでも何とも思わなかった。任那は上下共々、完全に料理された。王土の下、王臣として人の粟《あわ》を食べ、人の水を飲みながら、これをもれ聞いてどうして悼まないことがあろうか。太子《ひつぎのみこ》・大臣らは助け合って、血に泣き怨をしのぶ間柄である。大臣の地位にあれば、その身を苦しめ苦労するものであり、先の帝の徳をうけて、後の世を継いだら、胆《い》や腸を抜きしたたらせる思いをしても奸逆をこらし、天地の苦痛を鎮め、君父の仇を報いることが出来なかったら、死んでも子としての道を尽せなかったことを恨むことになろう」

このように天皇の、まさに任那滅亡に対する断腸の思いの詔が、「日本書紀」に記載されている。更に欽明天皇は死ぬときに皇太子を呼び寄せて、「お前は新羅を討って、任那を封じたてよ。またかつてのごとく両者相和する仲となるならば、死んでも思い残すことはない」と言われた、と「日本書紀」は記載している。

このような「任那」への強いこだわりは、その後の歴代天皇に引き継がれていく。

3節　任那滅亡後の「任那使」と「任那の調」の謎

(イ) 加耶諸国滅亡後の「任那復興」作戦

欽明天皇の次に天皇になった敏達天皇紀には、任那という文字が三回出てきており、その内一回は四年条にあり任那復興が出来ていないので、「任那のことを怠らないように」と言う皇子と大臣への詔である。

後の一回は一二年条にあり任那復興策にあたって、百済にいる肥の葦北国造《あしきたのくにのみやつこ》の子で、百済の官人だった達率日羅《たつそつにちら》を百済から召された話である（百済には他にも多くの倭人系の官人がいた）。しかし日羅の進言にもかかわらず、彼は一緒に百済からきた人物に殺されて、任那復興策は具体的な動きにはならなかった。残りの一回は「任那の調」に関し重要で、後で述べる。

続いての用明天皇は、在位二年で死亡しており任那復興策の記事はない。次の崇峻天皇の四年条（五九一年）に、任那復興に向けて紀・巨勢《こぜ》・大伴・葛城《かつらぎ》の四氏族からなる、二万の軍を筑紫へ派遣したと記載されている。しかし翌年、崇峻天皇は蘇我馬子の手の者によって暗殺されてしまい、大軍は渡海して朝鮮半島まで行っていない。大軍の朝鮮半島への派遣は、後の白村江の戦いの例からしても、準備にかなり時間がかかるので、大軍の筑紫滞在中に天皇暗殺事件が有り、任那遠征は不発に終わっている。この二万の大軍は、推古三年条の「将軍たち筑紫より帰還」の記事により、次の推古天皇三年（五九五年）まで筑紫に滞在したと推測されている。

欽明天皇没後約三〇年の推古八年（六〇〇年）に、欽明天皇の遺言である任那復興のための軍が、始めて対馬海峡を渡海した。新羅と百済が戦争を始めたので、百済を助け、任那復興のために、一万余の軍勢で新羅を討つことになった。新羅は南加羅《ありしひのから》など六城を割譲して、降伏したと「日本書紀」は記載している。しかし、「新羅はまた任那を犯した」と書かれてあり、任那はまたしても新羅の支配下に入った。

その二年後・推古一〇年（六〇二年）二月に再び新羅攻撃を計画した。今度の軍勢は二万五〇〇〇人と記されており六〇〇年の時の二倍以上の兵力である。しかも注目すべきは、将軍に聖徳太子の同母弟の来目皇子《くめのみこ》が任命されていることである。皇族が外征軍の指揮官になるのは、神功皇后伝説以外には歴史に前例がない出来事であった。任那復興への並々ならぬ決意がこの事から読み取れる。しかし皇子は病にかかり、翌年二月に筑紫で亡くなってしまった。

後任の将軍には、今度も皇族である聖徳太子の異母弟の当摩《たぎま》皇子が任命され筑紫へ船出した。しかし、筑紫へ行く途中の播磨の明石で、皇子に同伴していた妻の舎人姫王《とねりのひめのおおきみ》が亡くなってしまい、皇子は妻を明石で葬った後に引き返した。以上が「日本書紀」に記載されている、渡海せずに終わった皇族将軍の任那復興遠征作戦である。当摩《たぎま》皇子は、おそらく喪に服すために引き返したのであろう。不幸続きのためか、これで遠征は中止となった。

推古三一年条（六二三年）に数万の兵を用いて新羅を討ったという記事があるが、その目的が「任那復興」にあるのか、それとも「任那使」と「任那の調」の政治的儀式を執り行うためにあったのか判然としない。これ以降は任那復興作戦の記事はなく、推古朝をもって任那復興の軍事作戦は終わっている。軍事作戦と並行して任那が記載されるのは、「任那の調」の記事である。「任那復興」は大和朝廷（王権）の重要な外交課題であり続けたが、いつの間にか「任那の調」納入のセレモニーのみに置き換えられていった。しかもこの儀式には鈴木英夫氏が指摘するように「任那使」の存在が不可欠とされている。

（ロ）執拗にこだわる「任那の調」が一〇〇年以上も続く

先に書いたが、欽明天皇の次に天皇になった敏達天皇紀には任那という文字が三回出ており、残りの一回は、四年条（五四三年）四月の、奇妙なことに滅んでいるはずの任那への使いの記事である。おそらくこれは、前年一一月の新羅使が新羅の調しか持ってこなかったこと対して、新羅へ任那使を派遣して「任那の調」も催告したのであろう。それで六月に新羅使は、新羅の調と多多羅《たたら》以下四邑《ゆう》の調を献上してくる。多多羅《たたら》以下の四邑《ゆう》とは、五三二年に新羅に滅ぼされた金官国の四つの邑洛と考えられており、これがいわゆる「任那の調」の始まりである。

余談だが、ここで登場する四邑《ゆう》は、継体二三年条（五二九年）に出てくる新羅に侵略された四邑《ゆう》と共に、申《シン》氏の新たな提言である、五世紀初～前葉の金官国の事実上の滅亡後に、新たに金官国を名乗った邑洛を推測するのに重要だと考えている。

次いで推古朝から舒明朝にかけて、新羅使に伴われて「任那使」が来朝することがしばしばあった。この時も「任那使」によって「任那の調」が進上されたと考えられている。「任那」はとっくに滅亡しているのに、「任那使」がやってくるのは不思議であるが、実は「任那使」に任じられたのは新羅の中央官人であった。高句麗・百済との抗争が続いていた新羅は、倭国との対立を回避するために、その執拗な要求に屈して新羅使のほかに「任那使」を仕立て、「任那の調」を納めていた。

六四五年（大化元年）には、それまでの新羅に代わって百済使が「任那使」を兼任し、「任那の調」を献上している。その三年前の六四二年に、百済が高句麗と連合して新羅に大攻勢をかけ、旧金官国の領域を含む洛東江西岸一帯を領有した。そこで、百済が「任那の調」を肩代わりしたのである。この時を最後に、「日本書紀」から「任那の調」の記事は消えている。実に五四三年から六四五年まで一〇〇年以上にもわたって、滅亡した国の「使い」が「貢ぎ物」を届けるという政治ショーが続いていた訳である。

推古一八年条（六一〇年）に新羅の使人と任那の使人が同時にやってきたと、両使人をもてなした詳しい記事がある。任那使とは当然新羅の役人が演じているはずだが、「日本書紀」はあたかも両国が存在していて、共に使いを派遣してきた記事としている。翌年一九年条にも両国は使いを遣わし、両国は共に貢《みつぎ》をたてまつったと、やはり、任那が存在しているような記載である。三一年条（六二三年）に新羅と任那へ、倭が使いを派遣した記事がある。任那は滅んでいるから当然派遣先は新羅であり、新羅は荘《かざり》船一艘を港に出迎えたが、倭の使者から「どうして任那の船はないのか」と言われ、任那の為にまた一艘を加えたという。この時から、新羅が倭の使者を迎える船は、二艘使うようになったのであろう、と「日本書紀」は記載している。この年に新羅出兵の記事もあり、記載が混乱しており、この年以前から出迎えの船は二艘あった可能性がある。

いずれにしろ、倭は滅んでいる国への使いを「任那使」と称して新羅へ派遣し、新羅は任那の出迎えの船を演出して二艘の船で出迎えるという政治ショーを行っていた。

このように、新羅は「新羅使」と「任那使」を倭へ派遣し、それぞれ「新羅の調」と「任那の調」を進上する儀式を行っており、倭からも新羅へ使者を派遣した時に新羅に対して、新羅と任那というそれぞれ別の国への使いである、という儀式（二艘で迎える）を執り行わせていた。

何故、このようなセレモニーでしかなく実態を伴わない事が、一〇〇年以上にもわたり執り行われたのだろうか。七〇年代までの定説である「任那と呼ばれた地には、大和朝廷が役所（日本府）をおいて、直接支配していた」としたら、不思議なことではあるが、倭は未練がましい事をしていると、理解は出来る。しかし今日では戦前の朝鮮総督府のような「任那日本府」は完全に否定されており、大和朝廷（王権）が任那を直接支配していたという説は否定されており、何故このような儀式が一〇〇年以上も続けられたのだろうか。謎である。

この謎について、熊谷公男氏は「日本の歴史　03　大王から天皇へ」（講談社学術文庫）で、『この倭王権の異常なまでの「任那」への執着ぶりは、どこから来ているのであろうか。』と疑問を呈して、氏独特の「治天下大王」（天の下をおさめたまう大王）という概念と結びつけて、以下の見解を述べているので引用する。

『「調」は服属の証しという意味をもっていたから、「任那使」が来朝して倭王に「任那の調」を進上する儀式を執り行うことで、倭国の付庸国である「任那」の存在を示そうとしたのである。そして「任那の調」の実態が旧金官国の調であったということは、倭王権が政治的に作り上げた付庸国「任那」の観念が、金官国を抜きにしては存立しえないことを改めて示すものといえよう。

「任那の調」は、［任那復興］がもはや実現不可能であると悟った倭王権が、苦肉の策で編み出した国内向けの政治的セレモニーであった。外交儀礼によって、「任那」がまだ存在しているかのような演出を行ったのである。まったく姑息なやり方であるが、そこまでしても「任那」は、倭王権にとって必要不可欠な存在であったということになる。「治天下大王」は〝海北のミヤケ〟「任那」を従える存在でなければならなかったのである。』

私は、『「任那」の観念が、金官国を抜きにしては存立しえないこと』には賛同するが、『「治天下大王」は〝海北のミヤケ〟「任那」を従える存在でなければならなかったのである。』という見解と、『苦肉の策で編み出した国内向けの政治的セレモニーであった』という説には、賛同いたしかねる。

「治天下大王」には「任那」が欠かせないという観念のために、約一〇〇年間も「任那の調」を執り行う儀式が続いたとは思えない。倭が執拗に要求したとしても、約一〇〇年間も新羅がこの要求を受け入れるには、別な理由があるはずだ。ましてや百済は一〇〇年以上前に滅んだ国の使いを出し、「任那の調」を献上するなどとは、正に異様としか言い様がない。新羅や百済が、「任那」が欠かせないという「治天下大王」なる倭の観念のために、このような実体のない儀式に応じていたとは思えない。何か別の理由があるはずだ。

また、倭が新羅へ派遣する使者を迎えるために、出迎えの船を二隻要求するということは、この儀式は国内向けセレモニーだけではなく、国際的なセレモニーだったと言える。

氏が言う『〝海北のミヤケ〟「任那」』という観念は、大和朝廷（王権）発祥の地が任那の金官加耶国である、という伝承があったから生まれた観念だと考えている。「任那」とは固有名詞ではなく、「王の国」という意味の美称であり尊称である。つまり欽明天皇の任那滅亡に当たっての詔、すなわち、「君父の国」が任那であるという伝承があったからこそ、この儀式は一〇〇年以上も執り行われたのだと思う。また、新羅も百済もその伝承を知っていたから、この奇妙な国際的なセレモニーに応じたと考えられる。

更に、加耶諸国が完全に滅亡した五六二年以来四回も任那復興軍を派遣している事も重要である。崇峻天皇四年（五九一年）・推古八年（六〇〇年）・推古一〇年（六〇二年）及び推古三一年（六二三年）で、そのうち二回は天皇暗殺事件などで軍勢は筑紫止まりであったが、この大軍派遣という記事から、大和朝廷（王権）の任那復興にかける執念を窺い知ることが出来る。

このような任那復興への約六十年にわたる執念や、「任那使」と「任那の調」が執り行う奇妙な儀式が約一〇〇年間も続いていたことは騎馬民族征服王朝説では、自らの祖国の問題として説明可能であるが、ヤマト勢力社会進化説では、熊谷氏のようにやや苦しげな説明とならざるを得ないと思う。

倭の王権と金官加耶国との関係は、支配と従属の関係ではなかった、と言うのが今日の通説と言える。

しかし熊谷氏が言うように、他の加耶諸国とは異なり、両国には「特殊な関係」があったと思われる。では、どのような関係だったのか。七〇年代までは大和朝廷は任那を直接支配しており、その役所が任那日本府だったというのが定説であり、任那と倭の「特殊な関係」はこれで説明出来た。しかしこの不動の定説が否定された今日、この両国の「特殊な関係」は未解明になった。つまり、七〇年代頃までは謎でもなんでもなかったことが、新たな謎となった。「任那」問題を解明していけば、騎馬民族説が浮上してくるだろう。

この謎を解くカギは、「任那日本府」の解明と並んで、熊谷氏が言う『〃海北のミヤケ〃「任那」』の解明が重要だと考えている。

この『〃海北のミヤケ〃「任那」』とは、「日本書紀」に書かれている『任那の宮家《ミヤケ》』のことで、かつては日本列島の屯倉《ミヤケ》と同じく天皇の直轄領が任那にあったと理解されていた。しかし「日本書紀」に書かれている『屯倉《ミヤケ》』＝天皇直轄領が地方に置かれるのは、早くて継体天皇紀の磐井の乱の後であり、実質的には次の安閑天皇の頃からと今日では理解されており、当然それ以前から海外の任那に天皇直轄領があったという説は、今日では否定されている。

「日本書紀」では、架空の人物である神功皇后紀などで新羅や百済の「宮家」は早くから書かれているが、任那だけを取り出した『任那の宮家《ミヤケ》』が最初に登場するのは、継体二三年（五二九年）条の倭が多砂《たさ》津《つ》を百済に賜ったとされる記事に、加羅国王が「この津は宮家が置かれて以来、私が朝貢の時に寄港地としている大事な所です」と反論したというのが初伝である。「日本書紀」では、任那以外の国にも「宮家」の記載がみられるが、この記事以降は、大化の改新（乙巳のクーデター）後の大化元年（六四五年）に、百済の使いに詔して、「始め遠いわが皇祖の世に、百済国を内宮家《うちつみやけ》としたもうた事は、例えて言えば、三つ組の綱のようなものであった」という難解とされてはいるが、騎馬民族説では自然に読みこなせる記事を例外として、「宮家」は全て『任那の宮家《ミヤケ》』と書かれてあることなどから、任那には『屯倉《ミヤケ》』＝天皇直轄領があったと解釈されていたのであろう。

しかしその説が否定されている今日、天皇直轄領ではない『任那の宮家《ミヤケ》』とはどういう意味であろうか。「日本書紀」では倭国内では『屯倉《ミヤケ》』と書かれて、朝鮮半島では『宮家《ミヤケ》』と書かれるのが一般的であるが、宣化天皇元年紀に例外が書かれている。今の福岡市博多区である那津《なのつ》に「宮家」を造った記事である。これは金官加耶国滅亡で任那をめぐる軍事情勢が緊迫してきたので、朝鮮出兵のための兵站基地を造ったと考えられている。これをもって、「宮家」とは倭の軍事基地とする解釈がある。しかし、岩波文庫版「日本書紀」巻18の補注では、この記事をもって朝鮮半島の「宮家」を軍事基地とする見解を否定して、「宮家」は新羅や百済の国のことであり、日本の朝廷に対する貢納国の意味で用いられているとしている。

「宮家」とは新羅や百済の国のことであるという見解は理解出来るが、しかし貢納国の意味では、先に引用した継体二三年（五二九年）条の加羅国王の主張である、「この津は宮家が置かれて以来、私が朝貢の時に寄港地としている大事な所です」という解釈がおかしなものになってしまう。「この津は宮家が置かれて以来」の原文は「此津、従置宮家以来」であり、貢納国である任那の国を置き従《したがえ》し以来という解釈になり、明らかに変で、宮家イコール貢納国とは言えない。
また、軍事基地という意味では「宮家」の意味が通じない記述もあり、当然そのような考古遺跡もなく、かといって貢納国の意味でも通じない記述もあり、「宮家」の意味は解っていないと言える。

解釈の一つとして、「任那の宮家」とは読まずに、任那と宮家という名詞は単なる並列の関係として、ただ単に「任那　宮家」と訓読をすると、「かつて宮家があった任那」という意味にとれる。「任那宮家」とは、岩波版「日本書紀」の補注の解釈では「貢納国である任那」という意味であるが、この解釈を取れば「父祖の国である任那」という意味になる。従って「宮家」とは文字通り、父祖の王が住んでいた家という意味となり、先ほどの「此津、従置宮家以来」の解釈は、「(任那の国に)王の家を置き従《したがえ》し以来」という意味になり、次の「私が朝貢の時に」と無理なく文章がつながる。

このように名詞二つが、単なる並列関係にある文例としては、「三国志」で有名な蜀漢の諸葛孔明の「梁甫吟《りょうほのぎん》」という詩がある。春秋戦国時代の斉の宰相は、「二桃《にとう》三士を殺す」と言われる事件を残しており、宰相が三勇士を自殺に追い込んだ、その狭量を責める孔明の気持ちを、詠んだ詩である。その漢詩中に以下の用例があった。

『問　是　誰　家　墓　　問う是《こ》れ　誰《た》が家の墓ぞ
田　彊　古　治　子　　田彊《でんきょう》　古治子《こやし》』

五言詩のため、田疆と古治子という二つの名詞が並列されているが、自殺した三人の墓であることを表している。

また、神功皇后紀で新羅を「内宮家《うちつみやけ》」と書き、先ほど書いた大化元年紀で百済も同様に「内宮家《うちつみやけ》」と書いて、任那の「宮家」と区別しているのは、新羅と百済は任那と異なり、直接には父祖の国ではないという意味ではなかろうか。

この「内宮家《うちつみやけ》」と「宮家《みやけ》」の書き分け方の違いは、かなり厳格である。金官加耶が滅びた年と思われる継体天皇二三年（五二九年）条はかなりの長文であり、その中に「宮家」が三回書かれている。そこでは任那にかかる場合は「宮家」と書かれており、新羅にかかる場合は「内宮家」と書かれている。従来はどちらも同じ意味と捉えていたが、同一年条に書かれている文章で書き方が異なっているということは、異なる意味と解釈すべきだ。想像をたくましくすれば、先祖の辰王が支配していたという伝承がある地域の国では「内宮家」と書き、自らの父祖の出身国である「宮家」と区別していたと解釈する。

この様な解釈が正しいかどうかは別にしても、「任那日本府」の謎と共に、この「宮家《ミヤケ》」の意味が解明されれば、「任那」問題、すなわち、倭と任那の「特殊な関係」が解きほぐされて、騎馬民族征服王朝説が浮上すると考えている。

6章

結論　騎馬民族征服王朝は在った

1節 さらに深まるヤマト勢力社会進化説の謎と「謎の秦王国」

（イ）超大国「唐」との戦争・「白村江の戦い」に挑んだ謎

今まで書いてきたように、騎馬民族征服王朝説を、否定出来る材料は見当たらない。また、4章と5章で近年の日本古代史研究の成果が、騎馬民族説を有利にしていることも述べた。

また韓国でも近年、騎馬民族が日本列島に移動したという、驚くべき提言がされている。これについては3章の3節「金官加耶（加羅）国王が五世紀初～前葉に日本列島に移動」で述べてある。申《シン》教授が大成洞古墳群を発掘調査した結果の提言である。提言の内容は、金海市にある大成洞古墳群で王墓が築造されなくなるのは、五世紀初～前葉であり、理由として高句麗の加耶侵攻などをあげている。そして王墓が築かれなくなるのは、事実上の金官国の滅亡であり、金官国の住民のみならず、それと関わりを持った慶尚南道西部地域や全羅南道の栄山江流域の民を巻き込み、日本列島への移動が起こったという。大成洞古墳群には騎馬民族の遺物が副葬されており、日本列島へ移動した金官国王は、まぎれもなく騎馬民族である。

しかし、証明されたというわけでもない。ただ言えることは、我々が学校で教えられてきた日本の古代史は、「ヤマトの勢力」（三世紀に纏向《まきむく》遺跡や箸墓《はしはか》古墳などを残した）が、社会進化して大和朝廷になったというものだが、これも証明されているわけではないということだ。これを書いていて、従来疑問があると思っていた学校で教わった歴史（これを私はヤマト勢力社会進化説と言う）が、益々疑問になってきた。

当初述べた疑問以外にも、江上氏が「あとがき」の最後に残した「5〜7世紀の国際関係」では最大の、六六三年の「白村江の戦い」になぜ倭国が踏み込んでいったのか、という謎だ。

これは超大国「唐」との戦いであり、倭国は既に遣唐使を送っており、唐の実力を十分に知っていたはずだ。あまりにも無謀で、当時の政府の会議は当然もめるはずで、百済再興のために大軍を朝鮮半島まで派遣し、唐・新羅連合軍と戦うということが、なぜ決定されたのか。何故百済を見捨てなかったのだろうか、という疑問を抱くのは私だけだろうか。

この戦いはまず、六六〇年に百済が唐・新羅連合軍により滅亡したことから始まる。百済の遺民はそれでも鬼室福信ら遺臣たちがゲリラ戦で戦い続け、倭も当時日本にいた百済の王子を帰国させることにした。そしてその年の年末に百済救援軍派遣を決め、早くも翌正月に、この年六八歳の斉明天皇は、文武百官を引き連れて難波から船出した。事実上の北九州への遷都である。天皇自ら都を離れて戦争に出るのは、長い天皇家の歴史でも、神話時代を除くとこの一回だけと記録されている。しかし、天皇自身の意気込みも虚しく、斉明女帝はこの年（六六一年）七月に亡くなる。

後を継いだ中大兄皇子（後の天智天皇）は、翌六六二年に先発の軍隊と百済の王子を百済の故地に送り、翌六六三年には増派の第二軍を派遣し、八月には決戦に挑んだ。しかし、この年（六六三年）八月二八日白村江での決戦に、倭は唐の水軍に惨敗を喫し、陸上でも倭・百済軍は唐・新羅連合軍に敗北し百済は完全に滅んだ。

生き残った敗残兵は、亡命を希望する百済人を伴って、日本列島へ引き揚げた。敗北しただけではなく強大な唐の陸海軍が、いつ日本列島に来襲するかもしれない危険が生じた。倭は必死の国土防衛策をとり、東国から徴集した防人《さきもり》を対馬・壱岐・筑紫に配置し、唐襲来をいち早く都へ知らせるための狼煙《のろし》の施設を配置し、筑紫には水城を造り、大野城を建設するなどして、唐の北九州襲来に備えた。北九州だけではなく、長門と讃岐にも城を築き、ヤマトにも城を築き、唐が都へ襲来する事にも備えなければならなかった。大和から近江への遷都は、唐との戦いに備えての遷都だったという説もある。超大国・唐を敵に回して戦うということは、まさに国運を賭した決意であり、その結果だったのである。

負ければこのような事態に陥ることを、当然予測していたはずで、にもかかわらず、超大国・唐との戦争に踏み込んだ。

しかも、百済は倭の植民地でもない独立国である。何の見返りも示されていない百済からの救援要請に、なんの義理があって、倭は莫大な戦費を投じて百済再興をしなければならないのか。謎である。

一説には、百済再興を実現し付傭国として従える事が出来て、百済をも包括する「天下」に君臨することを斉明天皇は目論んだという解釈がある。これではまるで「日本書紀」の神功皇后の三韓征討の焼き直

し と言える解釈で、それではあまりにも、現実政治を無視した解釈だと言わざるを得ない。真面目に歴史を学ぼうと思うと、天皇が老骨にムチ打ち、死をも厭わず、文武百官を引き連れて、そして負ければ倭国自身を危機に直面させる戦争のために、北九州へ自ら出るということが、天皇の個人的願望の為だとはとても思えない。たとえ天皇自身がそれを望んだとしても、群臣がそれを許すはずがない。何か他に群臣も納得出来る理由があるはずだ。

しかし今までは、運河建設や石の山丘作り同様の、天皇自身の異常とも思える「興事好き」としてしか、この大戦を理解出来ないでいた。あるいはこの戦いは日本に有利な戦いであったが、運が悪くて敗れたという人もいるが、唐と新羅の連合軍相手に百済の残存勢力と一緒に朝鮮半島を戦場にしての戦いであり、とても有利な戦いに挑んだとは思えない。唐を敵に回せば、負ければ日本列島が唐軍の脅威にさらされることを十分に知った上で、この戦いに国運をかけている。謎としか言い様がない。

先に引用した、欽明天皇の「君父の国」である任那滅亡の時の「勅《みことのり》」同様で、先祖を同じくする「兄弟の国」である百済滅亡に対する、斉明天皇の深い憤りと、百済再興への固い決意があったとしか思えない。六六三年の白村江敗北の約一〇〇年前に加耶諸国（任那）が完全に滅亡した際に、欽明天皇は任那復興を決意し、以下の勅《みことのり》を発したと「日本書紀」は記載している。5章の2節に引用した文末を載せる。

「『君父《きみかぞ》の仇讎《あだ》を報ゆること能はずは、死《みはまか》るとも臣子《やっこらこども》の道の成らざることを恨むること有らむ』とのたまふ」

斉明天皇は、欽明天皇が任那滅亡の報に接し「先祖の国」の仇をはらさんと決意したのと同様に、「兄弟の国」の再興を決意した、と受け止められないだろうか。つまり、斉明天皇の時代まで、天皇家も百済王家も同じ辰朝を先祖としているという伝承が存在していたから、百済再興に国運をかけたと解釈する。先祖を同じくする王家どうしだから、百済再興は倭の利益につながる。政府の会議はもめたとしても、だから、朝鮮半島への大軍派遣が決まったと推測する。

百済最後の王まで、「百済辰朝」の伝承が残っているのだから、天皇家が辰朝の出身だとすれば、この時期までその伝承が残っているのは自然だと思う。

歴史上で兄弟王国の有名な例としては、ヨーロッパでのハプスブルグ家のオーストリアとスペインがある。

現代の感覚で言えば、業務提携関係にある赤の他人の会社の倒産があったとして、それを大きなリスクと多額な資金を投じて再建したとして、何の利益になるだろうか。百済再興が叶ったとしても、いつまで業務提携関係が続くか保証の限りではない。しかし、同族会社の再建なら、百済再興は、長期的に見て近隣外交を進めていく上で利益になる。だから群臣も納得して大戦に臨んだのではなかろうか。天皇自身の個人的な「興事好き」で大戦に臨んだとはとても思えない。他の何か理由がなければならない。しかし、合理的にそれを説明している書物を、私は読んだことがない。

このような謎が深まってきたのだ。

万葉集に額田女王《ぬかだのおおきみ》が作ったと言われている有名な歌がある。

熱田津《にぎたつ》に船乗りせんと月待てば　潮もかなひぬ今はこぎいでな

斉明天皇の軍船の、西征途上の作という。熱田津とは四国の松山市のことで、石湯（道後温泉）の行宮《かりみや》に約二ケ月滞在したという。おそらく諸豪族に命令してある、あとから続いてくる軍がそろうのを待ったのであろう。するとこの歌は、私が学校で教わった意味に足して、「月待てば」とは単に潮の満ちるのを待つという意味に、軍が揃う月々を待ったという意味も持たせ、「潮もかなひぬ」とは満潮にかけて、時期が来た、いざ出陣だという意味も込めていると思う。つまり、軍隊が勢揃いして、いざ出陣だという昂った気持ちを読んだ歌だと思う。

この歌は額田女王ではなく斉明天皇作という説が在り、私もそう思う。天皇自身の、軍勢も揃い、いざ出陣だという昂った気持ちを詠んだ歌だと思う。天皇自身の深い憤りと、百済再興への固い決意の作と思う。

これほどの決意を促すのは、一体何だったのか。

(ロ)隋書倭国伝に書かれている「謎の秦王国」とは何か

日本の古代史では大和王権の成立や、邪馬台国の位置などの謎があるが、あまり知られてはいないが、重要な謎の一つに「隋書倭国伝」に書かれてある「謎の秦王国」がある。秦王国の住民は華夏(中国)に同じと書かれてあり、一国の住民が中国人であったとしたら、日本古代史を揺るがす大問題だと思うが、それが謎のまま取り残されている。

以前に、「2章　騎馬民族征服王朝説を検証する3節任那から来た肇国天皇とその都の所在地は」で、隋書倭国伝に書かれてある「秦王国」のことを書いた。それを以下再掲する。

『その上に、江上氏は「自分たち天皇家の出自は、南部朝鮮を全体的に支配した騎馬民族の辰王国だ、という認識があったのに相違ない」と述べている。江上氏はこの説を展開するのに、「隋書倭国伝」の隋の使者が倭の都を訪れた時の記事を証拠としている。この文章は、六〇八年の遣隋使の訪問に対する答礼が、翌六〇九年に行われた時のもので、答礼使の裴世清が実際に当時の倭国を見聞した記録である。江上氏はここに書かれている「秦王国」とは、倭の都のことで、「辰王国」の意味だと主張している。

岩波文庫版の現代語訳で「隋書」での問題の箇所を引用する。

「明年（大業四年、推古十六年・六〇八年）上（煬帝）に文林郎裴清（裴世清《はいせいせい》）を遣わして倭国に使させた。百済を度《わた》り、竹島（絶影島か）にゆき、南にタン羅国（耽羅、済州島）を望み、都斯麻国（対馬）をへて、はるかに大海の中にある。また東にいって一支国（壱岐）に至り、また竹斯国（筑紫）に至り、また東にいって秦王国（厳島・周防、秦氏の居住地か）に至る。その住民は華夏（中国）に同じく、夷州（いまの台湾）とするが、疑わしく明らかにすることはできない。また十余国をへて海岸に達する。竹斯国から以東は、みな倭に附庸する。」

問題は秦王国とはどこかである。その住民は中国と同じと言っており、夷州だというが疑わしいとしている。岩波文庫版の注釈では、秦王国のことを不詳としながらも、「厳島・周防などか」としているが、単に「国」としないで「王国」という漢字になっている事は重要だと思う。江上氏は、「秦王国」は倭国王が都した国だとしているのは、そこから先にも「十余国あって海岸に達する」とあり、それらの国々については国名も挙げられておらず、記事もないことをもって都への道程としては不自然な書き方だとして、達した海岸が都だとする通説を批判している。また江上氏は、倭国での秦の字が中国では辰の字に変わることも挙げている。

通説に従うと、海岸に達したところは実際には難波なのに、そこから大和までの道程が書かれていなく、海岸に達するのをもって都に達すると解釈するのは不合理で、江上氏の読み方通りで、秦王国とは倭の都がある国とするのが合理的だと思う。当時は聖徳太子の時代であり、冠位十二階を制定し官吏の服装は中国風だったという説もあり、少なくとも礼は中国式の立礼に改められており、都には法隆寺（斑鳩宮）が創建されており、夷蛮の地とは思えぬほど豪華であり、「華夏と同じ」と隋の役人が驚くのは不思議ではない。何しろ中国の役人が倭を訪れて実際に見聞するのは、卑弥呼の時代の二四七年以来約二六〇年ぶりのことであり、魏志倭人伝に書かれていた倭とは異なり、倭の文化が中国並みに進んでいることに驚き、「華夏と同じ」という表現になったと推測する。』

この文書は騎馬民族の北九州侵入の説明のために書いたが、この検証を述べていないので、ここで検証する。

「秦王国」とは江上氏は倭の都がある国のこととしているが、「住民は華夏（中国）に同じ」という重要な文書にもかかわらず、今日の歴史学会では、「秦王国」とはどこか全くわからないまま謎として放置されているようだ。問題はそこの住民は華夏（中国）と同じ（原文は「其人同於華夏」）という意味を、どう捉えるかだと思う。隋書倭国伝の冒頭に、倭国の概要を「東西五ケ月の行、南北三ケ月の行」とかなり広く捉えており、北九州の伊都国や奴国などは統一されてもっと広い筑紫国になっている。ということは、魏志倭人伝の頃の「国」に比べれば、一つ一つの「国」の大きさが広くなっているという事で、このように「国」の広さはかなり広いのに、日本列島の中にある一国の住民が全て中国人であったとは思えない。「華夏と同じ」とは、中国と同じような風俗の国という意味にしか過ぎないと考える。これは、中国人のコロニー（集落）があったかもしれないという事を否定する物ではなく、当時の広さの国全体が、「華夏と同じ」とは有り得ないという事である。

この「其人同於華夏」という文書を理解するポイントは、その直後に書かれている「夷州とするが、疑わしく明らかにすることができない」（原文は「以為夷州、疑不能明也」）をどう理解するかである。

岩波文庫版では、夷州を今の台湾かとしているが、それはありえない。何故ならば隋書の「東夷」には、倭国伝とともに琉球国伝もあり、この琉球国とは沖縄ではなく台湾のことと思われており、同じ書物の中で、倭国の中にも琉球国があると書くはずがないからだ。夷州とは後漢書倭伝で書かれている、秦の始皇帝が徐福を遣わして、蓬莱の神仙を求めた話に出てくる国のことである。徐福は童男女数千人を率いて海に入り、蓬莱の神仙を求めたが、手に入れることが出来なかったので、徐福は誅を畏れて中国に帰らずに、夷州に留まったと書かれている国のことである。つまり、秦王国とは徐福が留まった処であるという話を聞いたが、疑わしくて明らかに出来なかったという解釈が妥当で、「夷州」とは後漢書倭伝に書かれている、徐福伝承に出てくる「夷州」という意味である。

今日でも徐福が日本列島にたどり着いたという伝承があるが、当時から徐福伝承に出てくる夷州とは、日本列島のどこかにあるという伝承があったのであろう。裴世清はその話を聞いたが、本当か疑わしく思ったという文章であり、その前段に書かれている華夏と同じという文章は、そのあとに続く徐福伝承の話の前書きでしかなく、秦王国は徐福伝承の国であるという伝聞が主文である。秦王国とは徐福伝承の国だと聞いたが疑わしく明らかに出来なかったと裴世清が書くために、前段で華夏と同じと書いたのであって、全く中国と同じという意味ではなく、中国と似ているという程度の意味と理解すべきだと考える。

この原文を、「倭国伝」(講談社学術文庫)から以下引用する。

「・・・・又東至秦王國。其人同於華夏、以為夷州、疑不能明也。又經十餘國、達於海岸。」

この原文からも、「其の人華夏と同じ」という文章は「以て夷州と為す」ということを述べるための文章であって、秦王国の風俗に驚いたとしても、それを書くためだけの文章ではないことが理解出来ると思う。

次に秦王国と倭国との関係を推測する。秦王国とは筑紫国と同様に、倭国を構成している国々の一つであることは自明である。問題は筑紫国同様に倭に附庸《ふよう》する国なのか、それとも都のヤマトがある国なのかである。

私が読んだ二つの隋書の注釈では、いずれも秦王国は、筑紫国と同様に都があるヤマトへ行く途中の国としており、倭に附庸する国と解釈されている。何を根拠にしてかは知らぬが、周防などを候補としているが、果たしてそうであろうか。この説によると、「達した」海岸が都のあるヤマトということになるが、ヤマトには海がなく、「達した」場所は律令時代の摂津国の難波であり、都に達したわけではないので、少々文脈が怪しげな解釈とならざるを得ない。

一方、秦王国を倭国の都がある国と解釈するためには、都から迎えが来る隋書の記事からして隋使がいた場所は都ではないので、後の律令時代の国である摂津や河内や大和などを含む国と理解しなければならなくなり、そのような広大な国を表す言葉が、この当時あったかどうかが問題となるが、それが「日本書紀」にあった。（以下の引用は「日本書紀」岩波文庫版です。）

孝徳天皇の大化二年のいわゆる「改新の勅」第一条に「初めて、京師《みさと》を脩《おさ》め、畿内国《うちつくに》の司《みこともち》・郡司《こうりのみやつこ》・・・・」という文章が在り、この畿内国《うちつくに》の説明として「・・・・・西は赤石《あかし》の櫛淵《くしふち》より以来、北は近江の狭狭波《さざなみ》の合坂山《あふさかやま》より以来を、畿内国《うちつくに》とす。」と書かれている。

畿内国《うちつくに》の範囲は、東は伊賀の名張で、南は紀伊の紀の川までで、西は播磨の明石までとして、北は近江の大津あたりまでを範囲とした国と岩波文庫版の注釈から推測出来る。この範囲は、後の律令体制下での「畿内《きない》」よりも少し広い地域となっているが、律令制時代の畿内と「うちつくに」がほぼ同じ地域であったので、「日本書紀」の編者は「うちつくに」の漢字表記を「畿内国」としたものと思われる。

孝徳天皇紀で畿内国《うちつくに》と書かれている地域か、おそらくはもっと狭い地域が、推古天皇の頃には秦王国とされていたと思われる。孝徳天皇の時代に後の律令制時代の言葉である「畿内」という文字は存在してないはずで、「ウチツクニ」という概念はどのような文字で表されていたのであろうか。もしかして、孝徳天皇の頃も秦王国と書かれており、それが「日本書紀」編纂にあたり、畿内国という律令制の時代では理解しやすい文字に変わったという可能性がある。その場合は、秦王国と書いてウチツクニと訓んでいたという解釈になる。

当時の倭国はまだ豪族連合国ともいうべき段階であり、「竹斯国から以東は、みな倭に附庸する」と書かれており、附庸する国の名前と、倭という対外的に必要な国名以外に、大和王権が直接統治している地域を指す国名が必要である。それで、大和王権が直接統治する地域に、政治的必要性から「秦王国」という名前を創ったと推測する。孝徳天皇時代の「畿内国《うちつくに》」と同様であり、推古天皇時代の「秦王国」とは、「大和王権が直接統治している地域」の意味で用いられていた。当時も一つ一つの国名はあっただろうが、大和王権が直接統治する国々を総称する国名も必要だったので、「畿内国《うちつくに》」や「秦王国」と言う国名が必要だった。

つまり、孝徳天皇以前（大化以前）までの国内とは、「畿内国《うちつくに》」や「秦王国」の範囲であって、その外は、言葉や文化は同様であっても外国であるという認識が有ったと思われる。

次に、隋書の地理上の記述全体から捉えてみて、秦王国を倭の都があった国と解釈して妥当か検証する。隋書倭国伝は冒頭に、倭国の地理の概要を説明しており、この文章を踏まえた上で、倭国の都までの道程の文章を解釈し、秦王国とは何処かを探るべきだと思う。以下倭国伝冒頭の文書を、岩波文庫版より引用する。

「倭国は百済・新羅の東南にあり。水陸三千里、大海の中において、山島に依って居る。魏の時、訳を中国に通ずるもの三十余国、皆自ら王と称す。夷人里数を知らず、ただ計るに日を以てす。その国境は東西五月行、南北は三月行にして、各各海に至る。その地勢は東高くして西下り、邪摩堆《やまと》に都す、則ち『魏志』のいわゆる邪馬台なる者なり。」

注目すべき処は「其の国境は、東西五ケ月の行、南北三ケ月の行にして、各々の海に至る」という記事だ。秦王国とは都がある国という解釈を採ると、「また十余国をへて海岸に達する。竹斯国から以東は、みな倭に附庸たり。」という記事から、都がある秦王国から一〇余国で倭国が尽きるという意味になる。「また十余国をへて海岸に達する。」という意味は、地勢は東が高いと書いてあることから、東への道はおそらく東山道を上州（毛野国）方面へ行き、安房か常陸あたりで海岸に達して倭国が尽きるという意味であり、そこまでが「みな倭に附庸」していると解釈出来て、大和から安房か常陸までだと、既に北九州には筑紫という大きな国がある事から、十余国は合理的に理解出来る。私が読んだ二つの隋書の注釈のように、大和へ行くために難波の海岸に達するという意味だとすると、秦王国からさらに十余国を経ていなくてはならず、秦王国を周防あたりだとすると経由する国の数が多すぎて、海岸が難波とは解釈しづらい。

それでは、倭国は倭王権自らが統治する地域のことを、何故「秦王国」と呼んだのか。その理由は江上氏が推測するように、推古朝の頃までは倭王の先祖は朝鮮の辰王であったという伝承が残っていたので、倭王権自らが統治する地域を「辰王の国」として、それ以外の附庸国と区別したのである。

自分の国のことを「辰王の国」とする事は、推古朝まで、任那（金官加耶）復興のための軍事作戦が行われていたことからも、充分に推測出来ることである。「日本書紀」によると、聖徳太子の弟を二人続けて任那復興の大軍の大将にしていることは重要である。皇族将軍を大将にするということは、倭王にとっては大切な戦いであり、聖徳太子の弟を総大将にして、任那復興のために派遣したという事実の持つ意味は極めて大きい。この皇族将軍の派遣からも倭王家には、自らの祖先は朝鮮半島の辰王であったという伝承が、当時あったと推測出来る。

2節　騎馬民族説が最も合理的に大和朝廷（王権）を説明出来る

（イ）通説とされるヤマト勢力社会進化説では謎が多すぎる

ヤマト勢力社会進化説では、ヤマト王権の成立時期について三説があり、一番時期的に早いのは、三世紀初めの纏向《まきむく》型前方後円墳の出現期に求めるもので、この説では邪馬台国畿内説に立ち、女王卑弥呼の共立をもってヤマト王権の成立となる。もう一つは三世紀後半から四世紀初頭の箸墓古墳など定型化前方後円墳の出現をもって、ヤマト王権の成立期とする説で、これが一般的だと思われる。しかし、吉村武彦氏は墓である古墳からではなく、王権の政治センターから時代の転換を議論する必要性を説き、四世紀前半ともっと時代は下って、肇国天皇である崇神天皇の陵とされる行燈山《あんどんやま》古墳の段階を持って、ヤマト王権の成立時期とみなしている。

ヤマト勢力社会進化説を採ると、三世紀か四世紀前半にはヤマト王権が成立していたことになるが、その場合、三世紀の邪馬台国と四世紀のヤマト王権の関係が問題となる。しかし、ヤマト王権には邪馬台国や卑弥呼の伝承が伝わっていなかったらしく、「日本書紀」では神功皇后紀に、女王である魏志倭人伝の卑弥呼を無理に引用しており、卑弥呼や壱与（台与）を想定させる女王の伝承は出てこない。邪馬台国・畿内説を採るとこれは不自然である。

一般的と思われる、箸墓古墳など定型化前方後円墳の成立を持ってヤマト王権の成立時期説にたつと、邪馬台国の女王壱与（台与）は、二五〇年に一三歳で即位したとして、三〇〇年には六三歳で十分存命していたと思われるので、ヤマト王権は邪馬台国が発展して成立したということになる。それで、箸墓古墳は卑弥呼の墓ではなかったとしても、壱与（台与）の墓だという説がある。それなのに「記・紀」には、卑弥呼や壱与（台与）に関する何の伝承も残っていないということは、邪馬台国・畿内説にたてば、文献的に考えて、ヤマト王権社会進化説はありえないと言える。吉村説のように、四世紀前半の成立としても、邪馬台国・畿内説を採る限り、やはり文献的に考えれば疑問が残る。しかし邪馬台国・北九州説であれば、「記・紀」に何の記録が残っていなくても良いことになるが、邪馬台国の所在地論争の決着がついていない現状では、畿内勢力が社会進化してヤマト王権になったとは言いきれない。

主要な謎・疑問は「はじめに」で書いたが、もう一度述べる。

その一つに「日本書紀」も「古事記」も建国神話として、九州に天孫降臨して、そこから神武天皇が来て大和へ入ったという「神武東征伝承」を記載している。畿内ヤマト勢力が大和朝廷（王権）になったのなら、なぜこのような神話が建国神話なのか理解出来ない。天から降り立ったところが、大和でも出雲でもなく九州になっている建国神話が不思議だ。

もう一つは、実在可能性が高いとされている、「応神」「仁徳」「履中」天皇はなぜ大和ではなく、河内を本拠地にしていたのか。纏向《まきむく》遺跡や箸墓《はしはか》古墳を築いたヤマト勢力が成長して大和朝廷（王権）を作ったのならば、その本拠地は大和のはずなのに、河内にあるのは不思議だ。この三代天皇の古墳が、ピラミッドをも凌ぐような記念碑的な超巨大古墳であるだけに、それが大和ではなく河内にあるのはなぜなのか。

更に、四二一年に宋に朝貢した倭王「讃」（履中天皇か仁徳天皇）以来、いわゆる「倭の五王」が自称する王号の特異さである。「讃」の次の倭王「珍」は「使持節・都督・倭・百済・新羅・任那・秦韓・慕韓六国諸軍事・安東大将軍・倭国王」と自称し除正を求めたと記録されている。要するに朝鮮半島南部と倭の大将軍である倭国王だと自称している。この「倭と三韓を代表する倭王」という長い称号要求は「倭の五王」最後の倭王「武」（雄略天皇）の四七八年の訪問まで、約六〇年間も続いており、大和朝廷（王権）はこの称号に異常と思える程の執着を持っているのはなぜか。

これらの疑問にヤマト勢力社会進化説では明確に答えることが出来ず、定説がないままに謎として残っている。ただし、倭の五王が要求した称号を謎とは捉えていない人は多いと思われる。例えば、倭王が求めた称号に馬韓があるのは謎ではなく、百済は馬韓諸国をこの時期までには完全に統合しておらず、今日では南部の栄山江流域地域は百済でも加耶でもない独立した地域とされており、この点では謎はない。しかし、倭王「珍」が除正を要請したのは四三八年で、百済は既に宋から将軍号を除正されており、倭は当然そのことを知った上で百済を含めた将軍号の除正を求めているのは謎である。また、高句麗も宋から冊封を受けており、かつ新羅を従属させるほどの影響力を持っていたのに、倭王が新羅を含む将軍号を求めたとしても、宋が新羅を含む将軍号を倭王に与えたのは謎と言える。

更に朝鮮半島南部へのこだわりとして、前章で述べたが、加耶諸国が完全に滅亡したあとも、新羅は「新羅使」と「任那使」を倭へ派遣し、それぞれ「新羅の調」と「任那の調」を進上する儀式を行っており、倭から新羅への使者も、あたかも新羅と任那への派遣のように、新羅に対してそれぞれ別の国への使いであるという儀式（二艘の船で迎える）を執り行わせていた。

このようなセレモニーでしかなく実態を伴わない事が、約一〇〇年間も執り行われたということは倭と任那が「特殊な関係」にあった事を物語っている。七〇年代までの定説である『任那と呼ばれた地には、大和朝廷が役所（日本府）をおいて、直接支配していた』としたら、倭は未練がましいと思うが、「特殊な関係」は理解出来る。しかし今日では戦前の朝鮮総督府のような「任那日本府」は完全に否定されており、『大和朝廷（王権）は任那を直接支配していなかった』とされており、かつては説明可能だった「特殊な関係」が説明出来なくなっている。では何故このような儀式が約一〇〇年間も続けられたのだろうか。更に、加耶諸国滅亡後約六〇年間に亘り計四回も、任那復興の大軍を派遣したのは何故であろうか。

このように、律令国家成立以前ではあるが、当時の大和朝廷（王権）は、既に国内で鉄を製造出来る様になっているにもかかわらず、尋常とは思えない程に、朝鮮半島南部に執着心を抱いているのは何故かという疑問も、ヤマト勢力社会進化説では充分に答えることが出来ず、謎のまま残ってしまう。

しかし南部朝鮮から来た騎馬民族が、大和朝廷（王権）を樹立したとする騎馬民族王朝説に立てば、これらの疑問は自らの祖国の問題であり、南部朝鮮から来入した痕跡であるとして全てが氷解するのは、今まで述べてきた通りである。

（ロ）騎馬民族征服王朝説を採る理由

＊　氏姓制度の二元構造

この長文を書き始めた頃は、騎馬民族征服王朝説には未だ半信半疑だった。しかし、第４章江上説を傍証する「王権神話の二元構造説」を書き終えてからは、騎馬民族が来入して大和朝廷（王権）を樹立したとする説に傾いた。理由は「臣・君・国造グループ」と、「連・伴造グループ」という氏姓制度の二元構造が、一つのものから派生的に生まれてきたというような副次的なものではなく、発生的に全く別個のものの併存的存在であるという江上氏の説が、「王権神話の二元構造説」から論証出来るからである。

どうして二大グループが併存的に存在したのであろうか。江上氏は大陸における騎馬民族国家、とくに、いわゆる征服王朝国家における支配体制の二元性との比較検証を行い、大和朝廷（王権）と、大陸における征服王朝国家との類似性を指摘していた。一つのものから派生的に生まれたものではなく、発生的に全く別個のものが併存的に存在していたという事の論証は、大和朝廷（王権）は北方騎馬民族の征服王朝であった可能性が高まったと思った。

この氏姓制度の二元構造は溝口睦子氏の「王権構造の二元構造説」では示唆するのみだったが、直木孝次郎氏は、「溝口氏がすでに示唆されたところであるが、臣姓前身氏族の奉ずる神話がイザナキ・イザナミ系神話であり、連姓前身氏族の奉ずる神話がムスヒ系の神話ではないかと考え、・・・・・」と述べた後、溝口説を発展させて、氏姓制度の二元性は論証されるとした。この氏姓制度の二元性は、河内王権論にとっては中核的な理論であった。また江上説でも、韓倭連合国の東遷と、生駒山地などを挟んだ在来のヤマト勢力との並存、そして両勢力の連合・合同を論証するためには、重要な理論である。それが今までの何故そうなっているのか根拠を欠いたまま、現象として現れている、氏姓制度の二大グループから、十分な科学的根拠を持った、氏姓制度の二元性になると直木氏は論じ、氏姓制度も「記・紀」神話と同様に、発生からして元々別物の二元構造となっているとした。この説は、江上氏の仮説と全く同じものとなっている。

しかし、六世紀からとされている氏姓制度の成立以前から氏の二大グループがあったのか、という問題がある。

まず、氏《うじ》とは何かはまだ定説はないようで、諸説がある。その一つは、津田左右吉氏らが説く、血縁関係を団結の原理としたものではなく、政治的な支配によって統合された団体であり、かつ共同体の機能を持っていないと論じて、階級社会の産物としている。その二は、和歌森太郎氏らが説く、地縁的な同族団の性格を重んじて、地域的な同族団、あるいはその連合体としている。いずれも血縁的な氏族共同体ではないということでは一致しているが、政治的な支配体制の結果生じたものなのか、自然発生的な地縁等で生まれた同族意識かで見解が分かれる。

この見解が分かれることに対して、江上氏は「騎馬民族国家」（一九六七年初版発行）で、「本来異質の『氏』を一つのものとして補足し、一般化して理解しようと試みていることに問題がある」と述べている。以下に引用する。

『二つの学説の正しさと盲点

このようにみてくると、「氏」を同族団あるいは同族団の連合体とみる有賀・和歌森・直木氏らの説は、国神系の臣・君・直姓などの氏について、より正当な見解であり、「氏」を政治的な支配によって統合された団体、階級社会の産物とみる津田・藤間氏らの説は、天神系の連・造姓の氏や諸蕃系の造姓の氏について、より正鵠を射た見解と言えるであろうが、その逆ではないことが注意されねばならない。そうしてこのような、二種の氏のあり方とその並存的存在は、大陸の騎馬民族国家において、とくに征服王朝国家においては、けっして珍しくないのである。』

以上のように、姓《かばね》の制度は五世紀にはまだ出来ていないので、氏姓制度の前身である氏《うじ》のグループ分けは当時からあったかどうかの問題は、神話が元は別々の神話に分れていたのと同様に、臣グループと連グループは、「氏」の存在そのものの成立原理を異にしていることから、五世紀から「氏」の前身豪族の二大グループは存在していたといえる。

江上氏がこのように「二種の氏のあり方とその並存的存在」を論じていたことが、「王権神話の二元構造説」により、論証可能になり、大陸における北方騎馬民族の征服国家の支配体制の二元性と同様であり、大和朝廷(王権)も征服王朝だったといえる。更に、「国神系の臣・君・直姓などの氏」と、「天神系の連・造姓の氏や諸蕃系の造姓の氏」として、氏の二大グループとは、従来からの在地豪族と朝鮮半島から外来してきた豪族の区別である事も論証可能になった。この事は、申《シン》氏が金官加耶国王が周辺の民を巻き込んで日本列島へ移動したという提言が、真実である事の痕跡でもある。

＊　マクロに歴史を再構築すると騎馬民族説になる

決して数が多いとは言えないが、当時の歴史史料をつなぎ合わせていくと、騎馬民族説になると考えている。特に史料価値としては四世紀の文献史料である七支刀銘文と、好太王碑文が重要である。七支刀銘文では何故倭王のことが「候王」と百済王より格下で表現されているのか。日本の学会ではこの事の説明がない。北九州を制圧した畿内のヤマト勢力だとしたら、当時の百済よりは倭は大国のはずなのに、「候王」となっているということは、百済が同盟をした「倭王」はヤマトの倭王ではないということになる。

四〇〇年の高句麗との戦いでは倭は新羅の王都にまで攻め上っていた。その前年には新羅王は倭人が国境に満ちていると、高句麗に救援要請をしている。都を攻めるということはかなりの大軍が必要だが、後の推古天皇の時代に新羅を攻めようとしたときでもわかるように、畿内から朝鮮半島まで大軍を派遣するのは大事業で、聖徳太子の弟を総大将にして新羅攻撃を試み、大軍を筑紫まで派遣したが、不幸が続いたこともあり攻撃出来なかった時もあった。

三国史記の新羅本記には、古くから倭の新羅攻撃の話が多く出てくるが、史実であるとすると、この倭とは当然ヤマトの倭ではなく、北九州や朝鮮半島南岸に住んでいた倭と考えられ、おそらく後の時代の倭寇のようなものであろう。広開土王碑文に書かれている三九九年の倭も、ヤマトの倭である可能性はほとんどないと思うが、しかし、考古資料からは四世紀末の北九州勢力の可能性も少なく、江上説の「韓倭連合国」の「倭」である可能性が高い。

また、応神天皇（応神・仁徳一体説では仁徳天皇）の頃から渡来人が日本列島に来たと「日本書紀」に書いてあり、渡来人はその頃からやってきた事は確実だと思われている。渡来は雄略天皇の頃にもピークがあると思われており、五世紀から七世紀にかけて、多くの渡来人が朝鮮半島から来住してきた。理由としては、朝鮮半島の戦乱が原因だと考えられていて、渡来のピークと朝鮮半島の戦乱とは対応している。

第一波である五世紀初頭は、広開土王碑に書かれてある高句麗による金官加耶の攻撃があり、加耶地域は戦乱に覆われたと思われる時期である。第二波は雄略天皇紀に書かれてある、「今来漢人《いまきのあやひと》」や、「今来才《いまきのて》伎《ひと》＝工人」、らが渡来してくる時期で、四七五年に高句麗が百済の都である漢城《かんじょう》を陥落させた前後の戦乱の時期である。第三波の時期は六六三年の白村江の戦い等、百済と高句麗が相次いで滅亡していく時期で、百済の亡命官人や学者は天智天皇朝の要職に就任し、高句麗王達は武蔵の国へ移住して、高麗郡を形成した。

このように、渡来人の来住のピークと朝鮮半島の戦乱の時期は重なっているが、来住の原因はそれだけだろうか。朝鮮半島から来住してきた人数は膨大で、平安初期の八一五年に完成した「新撰姓氏録《しんせんしょうじろく》」によると、京と畿内の姓氏合計一一八二のうち三二六が渡来人を先祖に持っていたという。実に約三割である。これは姓氏を持つ者だけの比率ではあるが、もし、畿内の人口の約三割が朝鮮半島からの移住民であったとすると、これは朝鮮半島から日本列島への、民族の大移動といっても過言ではない。しかも騎馬民族征服王朝説に従うならば、連・伴造系氏族の多くは朝鮮半島からの移住民となり、これはまさに民族の大移動である。

私は、渡来人が日本列島に来住するのは、朝鮮半島にあった王権の一つが河内地方に移動してきて、その時に多くの民を巻き込んだことが、半島からの渡来人来住の第一波だったと考えている。
中《シン》教授の提言によると、大成洞古墳群を築いた金官加耶の王は、五世紀初～前葉に、自国民だけではなく周辺の民を巻き込んで日本へ移住したという。先程論じた氏姓制度の二元構造は、この大規模な民族移動の痕跡であると説明した。この朝鮮半島から日本列島への移動とは、江上説で考えると、応神天皇（応神・仁徳一体説では仁徳天皇）に率いられた、加耶（任那）に住む国王と豪族たちの河内への大移動である。

金官加耶まで騎馬民族がやってきたことは明らかになっており、東北アジア史として考えるなら、そこからさらに騎馬民族が南下することは、自然な考え方である。中国大陸では、騎馬民族が続々と南下した「五湖十六国」の時代であり、ヨーロッパではフン族が南下をし、ゲルマン民族の大移動を起こした時代である。気候的な要因もあったと思われる。

三世紀から五世紀にかけての朝鮮半島南端と北九州は、魏志倭人伝や韓伝の記事から、地中海のエーゲ海地域のような同一地域として考えることが出来て、今日では国境があるが、そういうものがなかった時代である。騎馬民族は朝鮮半島南端で南下を止めた、と理解するよりは更に南下を続けた、と理解したとしても何の不思議もない。

渡来人については、先に日本列島の河内地方へ移動してきた王権が、自らの王権を強固にするために、渡来人を呼び寄せたケースも多かっただろうと思われている。騎馬民族説を否定している熊谷公男氏は、「日本の歴史　03」（講談社学術文庫）で、渡来人の来住には倭王権の意向があったと以下述べている。

『もう一つの渡来人の来住の契機として、受け入れ側の倭王権の意向がある。列島に来住した渡来人は、多くの場合、王権の掌握下におかれ、その保有する技術や知識をもって王権に奉仕した。しかも重要なのは、五世紀初頭の第一波の渡来人からそうであったと考えられることである。渡来人の存在形態もまた、王権による列島主要部の統合という歴史的状況に規定されていたのである。これらの点は、いずれも考古資料から裏づけることができる。』

このような政策は、騎馬民族がしばしばとったという外国人の自国内への強制的集団移住政策、いわゆる徙民《しみん》政策ではなかろうか。強制的な移住政策ではなかったとしても、弥生人以来の農耕民族である当時の倭人は、農耕民族特有の閉鎖性があり、積極的にしかも大量に、外国人を受け入れる政策をとったとは考えづらい。しかし受け入れ側の倭王権の意向があったという。大量の外国人を受け入れる政策とは、騎馬民族特有の政策であり、当時の倭王権は騎馬民族の政権であったという痕跡が、多くの渡来人の存在である。

更には、多くの歴史家と考古学者は、四世紀末から五世紀初頭に歴史の断絶があると考えているという。

だとすれば、この時期に便宜上「プレ・ヤマト王権」と仮称するが、その王権と併存して、河内に朝鮮半島から渡来してきた王権が存在していたと考えることは、東北アジア史的に考えれば自然な発想だと思う。日本列島のみが、国といえるものが成立以来、王権の移動や併存がなかったと考える方が不自然であり、中国大陸の北に「五胡十六国」が成立し、南の旧来からの漢族の政権と併存したように、日本列島でも、旧来の王権と併存する新王権が進出して来たとしても、当時の東北アジア史からして充分に考えられることである。

河内に超巨大古墳を築いた王権は、奈良盆地から移動してきたと考えるよりは、朝鮮半島から移動してきたと考える方が、応神・仁徳陵という超巨大古墳築造の意図が理解しやすい。奈良盆地から河内に移動してきた王権が、何の必要があって超巨大古墳を作る必要があったのか。一般的には、古墳が巨大化する現象は、まだ完全に服属していない地域や人民へ、自らの力と権威をアピールする必要からだと解釈されている。新たに進出してきた韓倭連合国には、ヤマトの巨大古墳を上回る超巨大古墳を築造する必要があった。対立する古くからの勢力がヤマトにあったからこそ、進出してきたばかりの新興勢力である自らの力と権威をアピールする必要から、超巨大な古墳を築造したと理解すべきだ。

ヤマト勢力が超巨大古墳を築いたとすると、瀬戸内から大和に入ってくる人たちへ自らの力と権威をアピールする為という解釈になるが、古墳が河内へ移動した説明になっているが、古墳が超巨大化したことの説明にはなっていない。また、漠然としたものへのアピールであって、具体性に乏しく、古墳が巨大化していく一般原則から外れた解釈と言わざるを得ない。日本列島も、大陸における「五胡十六国」同様の大規模な北方民族侵入があって、大陸と似たような状態が生み出されたと考えている。

東北アジア史として日本史を捉えるなら、日本列島だけを例外として考えるよりは、中国大陸や朝鮮半島で起きていたと同じような現象が、日本列島でも起きたと考える方が自然だと考える。

3節　鉄材の輸入独占の力が、大和朝廷（王権）を成立させた

応神・仁徳陵などの超巨大古墳を造った大和朝廷（王権）の力の源泉は、当時は朝鮮半島にしか造れなかった鉄の輸入独占だったという学説がある。巨大古墳を造るためには大量の人民の動員が必要となるが、それが可能だったのは、大和朝廷（王権）は鉄の輸入独占をしていたからだという説である。

鉄の製造、つまり製鉄ということと、鉄器の製造ということは全く別ものである。東アジアでは遅れて鉄を使いだした日本列島では、鉄鉱石や砂鉄から鉄を製造するのは、六世紀ごろからと考えられており、それまで刀剣や農具などの鉄器そのものを朝鮮半島から輸入するか、鉄素材を朝鮮半島から輸入して鉄器を製造していた。

「魏志韓伝」弁辰の条に有名な次の一節がある。

「国は鉄を出だし、韓・濊《わい》・倭《わ》皆従いて之《これ》を取る。諸《もろもろ》の市買《しばい》には皆鉄を用い、中国の銭を用いるがごとくして、又以て二郡に供給す。」

このように弁辰では鉄を製造しており、五世紀頃まで倭人は、弁韓（弁辰）・後の加耶から鉄器や鉄材を輸入して、鉄器を使用していたのである。鉄の武器が戦闘力を高め、鉄の農具が生産力を高めたのはいうまでもなく、貴重な鉄を手に入れるために弁辰（後の加耶）と交易をしていた。この交易を独占した勢力が大和朝廷（王権）を築いたという説である。納得出来る学説である。この学説をヤマト勢力社会進化説と、騎馬民族征服王朝説に当てはめて以下考察してみる。

（イ）ヤマト勢力社会進化説で推測すると

先に書いたが、ヤマト勢力社会進化説では、ヤマト王権の成立時期について大きく分けて二説があり、纒向《まきむく》型古墳の後に続く、三世紀後半から四世紀初頭の箸墓古墳など定型化前方後円墳の成立をもって、ヤマト王権の成立期とする説が一般的だと思われる。しかし、吉村武彦氏は墓である古墳からではなく、王権の政治センターから時代の転換を議論する必要性を説き、もっと時代は下って、四世紀前半の肇国天皇である崇神天皇の陵とされる行燈山《あんどんやま》古墳の段階を持って、ヤマト王権の成立時期とみなしている。

吉村武彦氏は著書「ヤマト王権」（岩波新書）で、以下の見解を述べている。

『ところで、考古学では定型的な企画で築造された前方後円墳の成立をもって、ヤマト王権の成立を説く研究者が少なくない。首長権の継承を含めた、宗教的な祭祀を伴った葬制儀礼のネットワークに加わることで、ヤマト王権の成立を見るという考え方である。こうした一部の考古学の学説には、必ずしも理論的な根拠が示されておらず、疑問である。

そもそも「王権」とは何であろうか。列島における国家成立以前の政治的社会の分析には、学術的には「王権」ないし「政権」の用語を用いる。「王権」というからには、統治権者たる王の所在地をはじめ、権力構造・統治内容が問題になる。』

私も定型化前方後円墳が全国的に成立したからといって、日本列島の政治的統合を実現させたとするのは、論理的に無理を感じている。政治的統合とは、それが法や官僚制度を伴っていないとしても、日本列島全体にいきわたる支配力＝公権力の存在が必要である。定型化前方後円墳から、このような列島全域にあまねくいきわたる支配力＝公権力の成立を導くためには、かなり想像をたくましくした仮説が必要であり、その仮説を理論として構築するのは不可能ではないかと思う。定型化前方後円墳の全国的成立とは、単に文化の伝播として押さえるべきで、政治的統合という「支配と従属」の権力問題をはらんでいない列島の文化的交流とも言うべき「交通」の問題であり、文化的統合だと考えるべきだ。

したがって、ヤマト勢力社会進化説を採る場合は、定型化前方後円墳の成立から時代は数十年降って、吉村氏が説く四世紀前半の行燈山古墳・崇神天皇の時代をヤマト王権成立の時期とすべきだと考える。また、四世紀までにはヤマト勢力は定型化前方後円墳という文化を日本列島に広く普及させたが、その政治的支配力は北九州や出雲・吉備・関東には及んでいなかったという説が有力だと考えている。

仮に、ヤマト勢力が朝鮮半島からの鉄素材供給ルートを掌握し、列島各地への首長への分配をコントロールすることを通して日本列島の覇権を握っていったと想定したとする。この場合半島ルートの掌握で最も大切なのは加耶での鉄材入手ルートの掌握であって、加耶から大和までの交易ルートの掌握だけではないので、日本列島の政治的統合は、加耶への武力進出以後の事とせざるを得ない。すると問題は、当時の日本がいつ朝鮮半島へ武力進出したのかである。よく言われている事は、ヤマト勢力が北九州を含めた日本の統合を果たして、その余勢をかって朝鮮半島へ進出したとする説だが、それでは鉄材輸入独占の力により、日本の統合を果たしたという説と矛盾する。

史料として考察しうるのは七支刀しかないとすべきで、日本書紀は疑うべきである。その銘文から三六九年に倭と百済の同盟成立が解り、この頃には倭は朝鮮半島へ武力進出していたかもしれない。しかし銘文には倭王を「候王」と格下に書いているとしか理解出来ない文字があることから（私はこの倭王はヤマトの倭王ではなく筑紫と加耶（任那）の韓倭連合国王だと考えているが）、倭はまだ大きな力を持ってはいなかったと思われる。

七支刀銘文の「候王」とは倭王に他ならないとすれば、ヤマトの倭が朝鮮半島への武力進出が在りうるのは、早くても四世紀後葉からとすべきである。鉄材輸入独占の力が日本の統合に至ったとする説に立つならば、半島へ武力進出して鉄材の輸入独占が可能になるから、列島の覇権につながるという論理である。

従って、日本列島の政治的統合は早くて四世紀末のことになる。

この様に考えていくと、纏向《まきむく》遺跡や箸墓《はしはか》古墳・行燈《あんどん》山古墳などの巨大古墳を築いたヤマト勢力は、鉄材の輸入独占が出来ないので、四世紀末までは列島の政治統合の主人公にはなれなく、少なくとも四世紀中葉までは、近畿の一地方勢力にすぎなかったとすべきだ。つまり、門脇禎二氏が主張する地域国家とも呼びうるような地域ごとの政治的支配体制とその地域の個性を持った支配的秩序構造が存在していたのが、四世紀の日本列島の政治支配構造だったと思われる。仮にこの一地方勢力が加耶の鉄の独占を出来たとしても、鉄の供給を通じて列島の政治的統合をはたしうるのは、先に述べたように早くて四世紀末となる。まとめると、三～四世紀にヤマト王権が成立していても、鉄材輸入独占が可能となるのは四世紀後葉からとなるので、日本列島の政治的統合は四世紀末か五世紀初頭となる。

この時期だと、騎馬民族征服王朝説が浮上してくる。

四世紀末から五世紀初頭には、近畿の山城でも東北や北九州でも前方後円墳の築造地域に一つの断絶が在り、したがって首長の系譜にも四世紀と五世紀とで断絶があったと考えられているという（岩波講座日本通史第2巻「6世紀までの日本列島」）。この断絶について私は『4章江上説を傍証する「王権神話の二元構造説」の2節（ロ）4世紀末から5世紀初頭の大変動』で詳しく述べておいた。この大変動の時期に王権の交代があったとする説が多くの歴史家から出されており、河内王権説などとよばれている。江上氏によれば韓倭連合国が応神天皇（応神・仁徳一体説では仁徳天皇）に率いられて、河内に遷都したという時期である。江上説によれば、当時の政治センターともいうべき畿内に騎馬民族による新しい政権が出来て、旧来のヤマト勢力と権力の併存状態になったのだから、どちらの勢力と協力すべきかを巡って、列島の各地に歴史の断絶があり、大変動が起こったと思われる。

大和朝廷（王権）成立へのパワーは鉄材輸入独占の力だったとする説を採ると、早くからヤマト王権が成立していたとするヤマト勢力社会進化説であっても、列島の政治的統合は早くて4世紀末か5世紀初頭となり、この時期は「大変動」の時期だったので、王権の交代があったとする説も有力となる。

（ロ）騎馬民族征服王朝説で推測すると

江上氏が説く応神天皇の河内遷都について、「騎馬民族国家」（中公文庫）から再度になるが引用する。

「このような形勢からみて、応神天皇によって征服王朝が創始された最初の時期においては、河内・南摂津を地盤とした天皇氏、大伴・物部両氏などの軍事的勢力と、大和を地盤とした土着の葛城《かつらぎ》・和珥《わに》・平《へ》群《ぐり》・巨勢《こぜ》などの既存の政治勢力との並存関係があり、その両者の連合・合作が漸次実現して、いわゆる大和朝廷なる天神糸・国神系豪族の連合政権が樹立されたように解される。

その間の事情をもうすこし、河内・南摂津を地盤とした天孫・天神系豪族を中心にして観察し推測してみると、まず河内・南摂津が、彼らの畿内における最初の基地として選ばれたのは、きわめて自然なことであった。彼らは応神天皇を統率者として北九州から進出し移動してきたので、瀬戸内を通過して上陸したのがその終点の河内・南摂津であったのは当然であろう。まず彼らは、畿内征服の基地として、ここを確保することになったが、前面の大和には予想以上に大きな伝統的政治勢力があって、いっきょにこれを征服することなどとうていできそうにもない。しかし彼らが武力で占拠した河内・南摂津の沖積平野はかなり広く豊かな土地であり、またそこは上田氏も指摘されたように、海陸交通の要地でもあった。ことに韓倭連合国の担い手としての彼らにとっては、北九州・南部朝鮮にいたる海路を確保することは、軍事的にも、政治・外交的にも、また経済・文化的にも不可欠な要件であったから、大阪湾という良好な港湾を抱いた河内・南摂津は、彼らにとっておそらく申し分のない土地であったろう。

そこで、応神らの天孫・天神族の指導者たちは、ここにじっくり腰を落ちつけて、軍事的・経済的実力を養い、一方、対外的には南部朝鮮への出兵をつづけ、中国の南朝宋に通じて国際的な地位を確保し、他方、対内的には、大和の豪族たちとの摩擦・衝突をさけて、むしろ彼らの伝統的な政治権力を利用し、できるだけ平和裡に全国への支配権を拡大してゆく方針をたてたのに相違ない。そのことは、彼らの施策の実際からみて、容易に推測されるのである。

彼らはまず、河内・南摂津における軍事力・経済力の充実をはかったであろう。そのためにおそらく徙《し》民《みん》政策によって、ひじょうに多数の人間が集められ、また朝鮮からの渡来人の技術が各方面でおおいに利用された。厖大な労働力を投じて、溝渠を通じ、貯水池を掘り、土地を開拓して、農産の増大がはかられ、朝鮮から良馬を輸入して、馬匹を改良し、馬の飼育・馬具の製作に堪能な人たちが迎えいれられて、騎馬戦力の増強がはかられた。のちに河内が馬飼氏の中心をなすにいたったのは、そのような事情からであろう。」

以上が江上氏が推測した、応神天皇の畿内進出の物語となるが、私は応神・仁徳一体説に立って、仁徳天皇の畿内進出の物語とする。

これに付け加えて、前面の大和にある予想以上に大きな伝統的政治勢力との武力衝突を避けて、むしろそれを利用して各地への支配権を拡大していくために、加耶から河内へ進出して来た王権は、鉄材の朝鮮半島からの輸入を独占して、鉄を入手したい豪族は河内に本拠地を置く王権を通してしか鉄材を入手出来ないようにした。大陸からしか入手出来ない鉄素材の入手手段を一手に掌握するのが畿内に併存する二つの王権の伸長の課題となっていたはずだが、それが出来たのは加耶に影響力を残している「韓倭連合国」であった河内の王権であり、ヤマトの古くからの王権は河内の王権に頼って鉄を入手せざるを得なかった。河内に本拠地を移しても加耶の地には、当然影響力を保持していただろうから、鉄材輸入独占は可能であるが、古くからのヤマト勢力はそれがしたくても、加耶に影響力を残している河内の王権に阻まれて出来なかったであろう。

このようにして河内進出から数十年後の允恭天皇代には都を大和に遷し、その頃旧来の在地ヤマト勢力と新興の河内勢力が合体して大和朝廷（王権）が成立した。河内に出来た超巨大な応神・仁徳天皇陵は、鉄の独占による力で膨大な労働力を動員出来たから築造が可能だったと考える。また、旧来のヤマト勢力との平和裡な合体も、鉄の交易という日頃の交流があったから可能だったと思われる。
以上述べた通り、鉄材輸入独占の力が大和朝廷（王権）の成立を導いたとしたら、騎馬民族征服王朝説が最も合理的な解釈である。それ以外のヤマト勢力社会進化説や、河内王権説だと加耶での鉄材入手独占を説明しづらい。

しかし何故、「日本書紀」にも古事記にも騎馬民族侵入の伝承が伝わっていないのだろうか。私は推古天皇の頃までは、朝鮮半島の辰朝が自分たちの先祖であるという伝承が残っており、白村江の戦の時まで百済と倭は先祖を同じくする兄弟王国だという伝承があったと先に述べた。しかし、白村江の敗北以降の倭は朝鮮半島への影響力は無くなり、任那の調も大化の改新の年で終わって、新羅や百済に任那の調を要求することは無くなった。白村江の敗北は幕末の黒船襲来や、第二次大戦の敗北に勝るとも劣らない大きな衝撃であり、ここが時代を分けるターニングポイントであった。倭はこれ以降、日本列島内での中央集権化を進めて豪族連合から脱却して、律令体制＝本格的統一国家の確立を目指していくことになる。この過程で自分たちの王権は朝鮮半島に出自があるという記憶が薄れていったのだろう。

いくら薄れていったとしても、「日本書紀」編纂の頃には少しは伝承が残っていたと思われるが、自分たちの出自を朝鮮半島だとする編纂方針は採らなかった。当時、つまり壬申の乱以降に一新された新王朝である天武・持統朝の政治的関心事は、新しく名乗った「日本国」の成長であり、それは「公地公民制」

という、天皇による人民の直接統治の確立であった。すでに朝鮮半島は新羅により統一されて安定しており、倭は日本列島（大八洲）のみでの支配を強化する政策を採っており、神話での天孫降臨の場は元々の神話では大陸のクシフルであったのを、日本列島（大八洲）の九州の日向のクシフルに変更され、天皇は天孫降臨以来ずっと日本列島（大八洲）天皇であるというストーリーとすることが、日本列島で天皇の支配力を最も強める歴史として選ばれた。

天皇が直接民衆を支配する「公地公民制度」を確立するためには、イザナキ・イザナミが国土＝大八洲《オオヤシマ》を創ったという神話を信奉する氏族や民衆を支配するために、天孫降臨の場は大八洲《オオヤシマ》＝日本列島内でなければならないという事情等から、朝鮮半島からの侵入という歴史は省かれたと考える。同じような事情で、当時の民衆が広く信じていたイザナキ・イザナミ系神話と、騎馬民族が新しく持ち込んだムスヒ系（北方系）神話が、大国主の国譲りとして統一されて、「記・紀」神話が出来上がった。

しかし、「日本書紀」の編纂方針がそうだったとしても、天皇家自らの出自が朝鮮半島であったという事実はすべて隠せるものではなく、朝鮮半島との密接な関係があった事実は隠しようもなかった。いくつもその痕跡が「日本書紀」に残っており、「日本書紀」は朝鮮半島の歴史書だと言う人がいるほど朝鮮半島の事が書かれている。この夥《おびただ》しい朝鮮半島に関する伝承を説明するために、「日本書紀」の編纂者は何故日本はこれほど深く朝鮮半島の政治にかかわっていたのかを説明するために、日本列島から朝鮮半島へ進出したとする神功皇后の三韓征討説話を必要とした。今日の解釈では、高句麗との戦闘説話が全く欠落している点などで、神功皇后は実在していなかったというのが定説となっているが、広開土王（好太王）碑文に書かれている「倭」の朝鮮半島での新羅攻略と高句麗との戦闘は事実とされている。しかし、「日本書紀」には高句麗と倭の武力衝突の記事はなく、そこに至るまでの過程は「倭」の立場からは不明であり、わずかに宋書倭国伝の倭王「武」の有名な上表文で高句麗を撃たんとして、高句麗のことを「寇讐」と表現している処に歴史の真実が垣間見られる。これについては「3章4節倭の五王と東遷について（イ）上表文の真意」で詳しく書いておいた。私は実際の歴史は、「日本書紀」の神功皇后紀の記述とは逆で、朝鮮半島から日本列島に進出してきた勢力が、大和朝廷（王権）の創始者ではないかと考えている。

その他「日本書紀」における朝鮮半島からの日本列島進出説を思わせるものに、崇神・垂仁天皇紀の任那の記述がある。四世紀前半にヤマト勢力と加耶諸国との交流は考えられないのに、金官加耶の使節が訪問しており金官加耶の国名を崇神天皇《ミマキイリヒコ》の名をとりミマナに改めさせたという記事である。この伝承は「日本書紀」編纂という後の時代に付け加えられたとする説があるが、しかし、崇神天皇の説話として残っていた伝承の残滓としか思えない。

何故ならば、この崇神天皇紀に任那（金官加耶）との初の交流が記されてあるのに、その後の神功皇后紀の三韓征討では、奇妙なことに任那の文字が一切登場していないからだ。「日本書紀」の編纂者が崇神天皇の時代に、任那の使者訪問の記事を意図的に挿入させたのならば、神功皇后紀でも任那の文字が出てくるはずなのに、それが無い。もし編纂者が崇神紀に任那の使者訪問の記事を意図的に挿入し、ご丁寧に国名を「オオカラ」から「ミマナ」に改めさせた記事まで書いて在り、当然、その後の神功皇后の三韓征討の説話に任那が書かれていなければならないはずだが、それがないのは不自然である。したがって、崇神紀で任那が書かれているのは、書紀の編纂者の意図からとは言えない。崇神天皇と任那とには両者をつなぐ何らかの伝承が在ったということだと考えている。四世紀前半に畿内ヤマトと加耶（任那）との間に、クニとクニの交流はあり得ないだろうが、北九州と任那の交流は充分に考えられる。したがって、この伝承は神功皇后説話とは逆で、朝鮮半島からの北九州進出伝承の残滓ではなかろうか。

この論を終えるに当たり、3章で書いた申《シン》氏の金官加耶国王達が日本列島へ移動したという提言は、極めて重要だと書き添える。これまでは五世紀前葉に行方不明になったとされていた金官加耶国王は、日本列島へ移動したという新しい提言に私は賛同する。朝鮮半島内に移動先が見当たらないのであれば、当然日本列島への移動という事になる。

この提言に従うならば、騎馬民族征服王朝説の批判でよく言われる、騎馬文化は来たが騎馬民族は来なかった、という説は否定されることになる。代表的な騎馬民族征服王朝説批判は、その根拠を失ったという事である。金官加耶国王はその遺跡から騎馬民族であることが判明しており、騎馬民族が日本へ来たのである。それでは日本列島のどこへ来たのか。当然、五世紀初～前葉の時期から騎馬文化が濃厚になり、馬の飼育が始まり、加耶式土器の日本版ともいえる須恵器が大規模に生産され出す地域である。すると河内地方が有力になる。

私は大和王権成立の謎を探るために、騎馬民族征服王朝説を一年以上かけて検討して、その最後の段階で申《シン》氏の提言を知った。私の検討結果は、騎馬民族は北九州制圧後も都は加耶（任那）に据え置いたままで、四世紀末から五世紀初頭とされている韓倭連合国の河内遷都の時期の内、四世紀末はあり得ないという説になっていた。すると申《シン》氏の提言と一致していたのである。江上氏の説く韓倭連合国の河内遷都とは、申《シン》氏の提言である金官加耶国王達の日本列島への移動に他ならないという事であった。言葉を替えて言えば、大成洞古墳群の発掘調査結果から、騎馬民族征服王朝説が導かれるのである。

つまり、3章3節で紹介した、「金海大成洞古墳群Ⅰ」（慶星大学校博物館）に掲載されている申敬澈《シンギョンチョル》氏の提言から、本書で論じた騎馬民族征服王朝説が導かれるのである。以下、私が本書で論じたことを、申《シン》氏の提言の視点から捉えて簡略に書く。

騎馬民族である夫余族が狗邪《くや》国に侵入し征服したのは三世紀終わりの頃であり、四世紀の金官加耶国である。彼らは四世紀初頭には、狗邪国などの朝鮮半島南端に住んでいた倭人と共に韓倭連合軍を造り、四世紀前半に筑紫に侵攻した。四世紀前半の遅い頃に金官加耶国王は筑紫征服を期に倭王を名乗り、金官加耶国は韓倭連合国となったが、都は金官加耶国に据え置いたままであった。広開土王碑に書かれてある四〇〇年と四〇四年での高句麗戦の「倭」の敗北とは、韓倭連合国の王でもある金官加耶国王の敗北であった。その後、金官加耶国王は対高句麗戦に備えて国力を充実させるために、周辺の民を巻き込んで日本列島の河内へ移動した。その時期は大成洞古墳群の発掘調査結果から、五世紀初～前葉が想定される。この加耶（任那）から倭へ移動して来て、河内の新政権の王となった金官加耶（任那）王、すなわち韓倭連合国の王とは、「記・紀」に書かれている仁徳天皇に他ならない。

以上は、視点を変えて述べた本書の結論でもある。

なお本書で大和朝廷（王権）と表記しているのは、江上氏が著書「騎馬民族国家」（中公新書）を書いた当時の歴史学界では大和朝廷とされていたものが、今日では六世紀頃までは大和王権としていることから、この表記を用いた。

本論を終えるにあたって、私の古代史研究は趣味ともいえるが、終戦までは「万世一系の現人神《あらひとかみ》」とされていた「天皇制」とは何か、の勉強でもある。まず前提として、「天皇制」という言葉の概念規定を曖昧にしては、極めて深刻な物事の本質には迫れないと思っている。

そもそも「天皇制」という用語は、上田正昭氏の「私の日本古代史」（新潮選書）によると、昭和六年（一九三一年）に、国際共産党組織であるコミンテルンの「三一年テーゼ」草案に初めて登場し、これに絶対君主制という概念規定を当てたのは翌年の「三二年テーゼ」であったという。この概念規定には様々な議論があり、私は「天皇制ファシズム」という概念規定にすべきだと考えているが、いずれにしろ「近代」に創設された「天皇制」の問題であることは一致している。この制度は古代からの伝統に基づくものであるが、「天皇制」が古代から連綿と受け継がれてきたという訳ではなく、当然その間には摂関政治や武家政治が有り、あくまでも「近代」の問題である。

しかし、「天皇陛下万歳」と叫んで絶望的な突撃をし、あるいは民間人さえもが続々と断崖から、この叫びをしながら死んでいったという硫黄島の玉砕などの事を思うと、これは特殊な時代のケースだと割り切れるものではない。「天皇制ファシズム」は近代史として勉強するにしても、何故近代のファシズムと、古来からの天皇という伝統が結びつき、「天皇陛下万歳」という忌まわしい事態に陥ったのか。残念なことではあるが、私たち日本人の最近の歴史である。

そしてもっと忌まわしいことがある。私たち普通の日本人は、戦争・或いはファシズムの被害者であると思うが、それに加担した加害者でもある。

多くの証言があるが、先ほど紹介した上田正昭氏の「私の日本古代史」から引用する。第二次大戦の時代の話ではなく、その前の関東大震災の時の朝鮮人虐殺に関する、上田氏の恩師である折口信夫氏が経験した大正一二年九月四日の体験である。折口氏は品川の増上寺山門のあたりで自警団に取り囲まれたという。私も、横浜へ丁稚《でっち》奉公に出ていた父から聞いたことがあるが、訛りが強く標準語がうまく話せない人は、自警団から怪しまれたと聞いている。おそらくは折口氏も怪しまれたのであろう。おぞましいのは、朝鮮人だと判断された人々は普通の日本人により虐殺されていったのである。その「すさび」を、折口信夫氏が詠んだ一節である。

おん身らは誰をころしたと思う
陛下のみ名においてー
おそろしい呪文だ
陛下ばんざあい

かような近代の歴史を振り返ってみても、古代史を勉強して今日を振り返ってみる事が必要だと、今あらためて思っている。今日の時代状況は、その感を益々必要な事だと思い知らされている。

この書は私の趣味ともいえるが、悲惨な歴史を繰り返さないためにも、私のささやかな古代史の勉強の成果を世に問いたいという思いもある。

あとがき　史料を取り扱うことへの私の見解

(イ)「日本書紀」を史料として取り扱うことについて

私と同世代の歴史家が書いた書物の中で、最近の若い古代史研究家は大化以前の研究をする人が少ないと嘆いている文書を読んだことがある。理由は、どうも「日本書紀」を史料として取り扱う事にあるらしい。皇国史観を否定するあまりに、史料としての「日本書紀」を否定する風潮が戦後になって強まり、この傾向と皇国史観の残滓との対立に巻き込まれたくないという意識からか、木簡などの「日本書紀」以外の史料が少ない大化以前、の研究者が少ないという事態になったようだ。しかし、「日本書紀」の記載すべてが「東夷の小帝国主義」という小中華思想に毒されて、真実が書かれていないと言う訳ではない。貴重な歴史史料が含まれていることも事実である。

「任那」という「皇国史観の染みアカ」が染み込んだような言葉であってでも、「日本書紀」を慎重に読んでみると「日本書紀」から読み取れる事は、従来は定説とされている事とは異なっていた。私はこの小論を書くにあたって勉強してみてそのことを知る事が出来た。

七〇年代までは、古代史研究家の間では「不動の定説」とされていたという「『任那日本府』による南

ない。

「『任那日本府』による南朝鮮支配」を類推させる物はどこにも書かれてなかった。かつては「不動の定説」とされていた歴史観は、皇国史観というフィルターを通して「日本書紀」を読むから出てくる歴史観でしかなく、「日本書紀」の記載すべてがこの歴史観に毒されているわけではない。つまり、読む側が皇国史観に犯されているから、「日本書紀」の小中華思想に毒されて、書かれてはいないことまでも推測しているとしか思えない。

例えば、第5章で紹介した雄略天皇七年条の吉備上道臣田狭《きびのかみつみちのおみたさ》を任那へ国司として追いやって、新羅征討に向かわせた記事と、翌八年条の、新羅が高句麗との戦争で任那王に「日本府」の応援を願い、任那王は日本府の将軍を新羅応援に派遣した記事である。

七年条では「国司」の派遣であって、当然任那は倭の支配地だということになるが、八年条では「国司」ではなく任那王であり、しかも、他でもない「日本府」の将軍を任那王が派遣して新羅を助けたという記事である。八年条は、任那王が天皇に無断で「日本府」の将軍を使って新羅を助けたという、皇国史観にそぐわない内容であり、かつ、新羅を助けた翌年の九年条では新羅征討の大軍を派遣したと記載されており、この頃は倭と新羅は戦争状態であったと思われるのに、新羅を助けたという八年条の記載である。私は八年条の方が任那の実像にせまる記事だと思い、第5章で詳しく雄略天皇八年条を書いた。

しかし私がかつて読んだ通史は、七年条は書いてあるが、任那と「日本府」の将軍が新羅を助ける八年条は書いてなく、「日本の領土である任那」と書かれてある書物であった。『任那日本府』による南朝鮮支配」という「不動の定説」なる「神話」は崩壊していると思うが、しかし今、書店で並んでいる一般の歴史書は未だにそのような古いものか、あるいは「任那」を慎重に避けている書物が多い。

雄略天皇八年条は自分で「日本書紀」を読んでみて、初めて気づいた「日本書紀」の記事であり、私は一般に市販されている歴史書からそれを知ることが出来なかった。このような現状を打破するためにも、「日本書紀」を史料として用いることを躊躇せずに、もっと多くの若い古代史研究家に、大化以前の歴史を研究して、是非、大和朝廷（王権）成立の謎を解いてもらいたいと願う。

「日本書紀」について第3章で書いたことだが、以下に再掲する。

そもそも、「日本書紀」はその書かれた時代背景（倭国から日本国への名称変更や、律令国家の構築）から、一定の「構想」に基づき書かれたもので、天皇家も含めて、諸豪族に伝わる伝承を一本化して、強固な統一国家を創る為の一助とする目的を持って編纂された。その「構想」とは、「日本列島は大八州《オオヤシマ》の日向への天孫降臨以来、万世一系の天孫である天皇が治める国で、天皇は大八州《オオヤシマ》と三韓の指導者になった」というストーリーで、このストーリーに、それまで諸家に伝わる伝承を一本化しようという試みであった。

しかし、「日本書紀」の中には、このストーリー・「構想」から逸脱している事が読み取れる史料も散見される。例えて言うならば、最近冤罪事件で問題になっている検察の一定の「構想」に基づく捜査である。検察は一定の「構想」に基づき事件を立証しようとしているが、その検察の「構想」を立証すべき法廷に提出された証拠にほころびがある事に似ている。つまり、それぞれが一族の謂われの伝承をもつ諸豪族らに、納得させるべき書物を意図し、約四〇年を要して完成したが、判決後（つまり後世）の検証では、「ほころび」というか、「構想」から外れている真実の痕跡があるという事だと思う。

大和朝廷（王権）成立は謎に包まれており、諸説があってその是非の判断は、邪馬台国論争同様に決着がついていないと考えている。しかし、纏向《まきむく》遺跡などがあるヤマト地方の勢力が社会進化して大和朝廷（王権）になったとする説は、謎となる史料が多すぎて、歴史の再構築が難しく、採用いたしかねるというのが、この小論を書くにあたって勉強して得た結論である。

（ロ）少ない史料を深く考え、はっきりと解明する作業

大化以前とりわけ推古以前を研究するとなると、木簡などの新たな文献史料の発見はほとんど期待出来ず、「記・紀」以外の文献史料はきわめて限られてしまう。しかし、限られた史料であるにもかかわらず、その研究はいまだ十分とは言えないと思う。「記・紀」神話や考古資料の研究は進んでいるが、外国の倭に関する史料の研究はそれに比べると遅れているように感じる。

例えば日本国の成立については謎が多く、代表的な謎としては、「記・紀」神話では国譲りの事前交渉のために、天から降り国神と交渉し妥結した場所は出雲なのに、実際に神武が天降ったのは九州になっている謎や、応神・仁徳天皇陵とされている超巨大古墳は何故、大和ではなく河内に築造されたのかついては、おそらく多くの研究が有ると思う。しかし重要な外国の文献史料に載っていながら、殆ど研究されていないと思われるいくつかの文字がある。

一つは四世紀の重要な文献史料である、七支刀銘文にある「候王」という文字である。本文でも書いたが、私は倭王イコール候王と解釈している。事実、韓国の歴史家はこの文字をもって七支刀は百済王が倭王に下賜したものと解釈している。日本では下賜ではないという解釈だが、では候王をどのように解釈するのか、諸説があるが、いずれも百済からの朝貢という解釈にこだわりすぎており、「候王」＝「倭王」とする解釈を未だ読んだ事がない。

もう一つはこれも五世紀の重要な文献史料である宋書に掲載されている倭王「武」の有名な上表文である。「武」（雄略天皇）は高句麗のことを「寇襲」とも書いていることは誰も異存はないだろう。しかし日本列島（「日本書紀」では大八洲）が、元寇のように襲われたことがないのに、何故「寇襲」という屈辱的とも思える文字で、倭王「武」は高句麗を表現しているのか。この解釈もまだ読んだことがない。

最後に七世紀の重要文献である「隋書倭国伝」がある。この頃になると「日本書紀」の記述もかなり正確だと思われるが、隋の使者が見聞した記録と「日本書紀」の食い違いもある。隋の使者が会った倭王は男であるが、「日本書紀」では推古天皇という女帝である。これについては隋使が会ったのは聖徳太子だという説などがある。私が注目するのは「秦王国」である。「その住民は華夏（中国）と同じ」と書いてあり、「秦王国」とは何なのかという事は、六世紀までの歴史を考察する上では重要で、もし一国の住民が中国人だったとしたら従来の通説を揺るがす大問題だ。しかし隋書の研究者は、「秦王国」問題を避けているようだ。推古朝までの歴史を考察するためには、「謎の秦王国」問題として、真正面から取り挙げるべき大問題だと思う。

このように重要な文献史料に有り、その史料が書かれるまでの時代を考察するのに重要な鍵となりうる文字が、まだ研究不足だと思う。例えば、「句麗」という文字を使わずに、なぜ「寇襲」という文字が充てられているのかということを研究するためには、『深く考えはっきりと解明する』ということが必要だと思われる。これは理論物理学者や哲学者は、資料という物も無く、手掛かりとなるのは問題（キーワード）のみで、自分の今までの知識を総動員し、新しい知識も得ながら『深く思考して』、この手がかりから一定の結論を出しているのと似ている作業だと思う。

文献史料の少ない時代の研究には、理論物理学者たち同様に『深く考える』ということに多くの時間を割く必要があると考えている。数学者は一つの難問を解くのに数年間も考え続けることがあるという。文献史料の少ない時代を研究する者には、同様に深く考え続けていく時間が必要ではなかろうか。その様にして、「候王」や「寇襲」そして「秦王国」という文字が使われている背景（時代状況）が解明される事を願う。

このことは決して考古資料を軽んずるという意味ではない。事実私は昨年から、大学の聴講生として考古学を学んでいる。しかし、考古学は歴史資料として重要だが、考古資料だけで歴史を解き明かすことは不可能ではないかと思っている。歴史時代とは文字が登場してからの時代である。この時代を解明していくには、あくまでも文献史料を読み解く為の資料として、考古資料を用いるべきではないかと思う。

今日では否定されているという「騎馬民族征服王朝説」を勉強してみたが、結論は、否定すべきではないということだった。出来得ることならば、古代史を専門とする人に、今日ではほとんど顧みられなくなっているこの説の研究を、推し進めていってもらいたいと願っている。

この一年以上にわたる執筆作業で得た、騎馬民族征服王朝により日本建国がなされたという私の結論は変わらない。今後はこの説を軸にして、韓倭連合国から、大和朝廷（王権）、さらに古代律令国家成立までの過程を勉強出来たら良いと思っている。特に古代律令国家成立へのメルクマールの一つでもある「壬申の乱」について、騎馬民族の農耕民への同化の過程という視点から、とらえてみたいと思っている。中国史から見ても騎馬民族の征服王朝が農耕民の文化に同化していくのは歴史の通則と言える。日本の場合はその同化への過程で、白村江の戦いの影響が大きいのは当然として、「壬申の乱」の影響も大きかったのではないかと思っている。

「壬申の乱」以前の天智王朝には亡命百済官人などは多かったとされているが、東国から攻め上った天武王朝には、外国人はほとんどいない政権だったと思われる。「日本書紀」は、この乱後の騎馬民族がほぼ完全に農耕民に同化された後に書かれているのも、「書紀」からは、なかなか騎馬民族征服王朝の痕跡が辿れない理由かもしれない。

［参考文献］

江上波夫　『騎馬民族国家』・中公新書・（中央公論社、一九六七年）
江上波夫　『騎馬民族国家　改版』・中公新書・（中央公論社、一九九一年）
『「日本書紀」　一　二　三　四　五』・岩波文庫・（岩波書店、一九九四年）
『新編日本古典文学全集　「日本書紀」　一　二　三』（小学館　一九九四年）
宇治谷猛　『全現代語訳　「日本書紀」　上　下』・講談社学術文庫・（講談社、一九八八年）
次田真幸　『全訳注　古事記　上　中　下』・講談社学術文庫・（講談社、一九七七年）
石原道博編訳　『新訂　魏志倭人伝　他三篇』・岩波文庫・（岩波書店、一九九四年）
藤堂明保・竹田晃・影山輝國訳注　『倭国伝』・講談社学術文庫・（講談社、一九七七年）
鬼頭清明　「6世紀までの日本列島」『岩波講座　日本通史　古代1』（岩波書店、一九九三年）
吉村武彦　「倭国と大和王権」『岩波講座　日本通史　古代1』（岩波書店、一九九三年）
井上光貞　「神話から歴史へ」『日本の歴史　1』・中公新書・（中央公論社、一九七三年）
直木孝次郎　「古代国家の成立」『日本の歴史　2』・中公新書・（中央公論社、一九七三年）
寺沢　薫　「王権誕生」『日本の歴史　02』・講談社学術文庫・（講談社、二〇〇八年）
熊谷公男　「大王から天皇へ」『日本の歴史　03』・講談社学術文庫・（講談社、二〇〇八年）
石川日出志　「農耕社会の成立」『日本古代史①』・岩波新書・（岩波書店、二〇一〇年）
吉村武彦　「ヤマト王権」『日本古代史②』・岩波新書・（岩波書店、二〇一〇年）

溝口睦子　『アマテラスの誕生』・岩波新書・（岩波書店、二〇一一年）
都出比呂志　『古代国家はいつ成立したか』・岩波新書・（岩波書店、二〇〇九年）
岡田英弘　『倭国　東アジア世界の中で』・中公新書・（中央公論社、一九七七年）
直木孝次郎　「大和王権と河内王権」『直木孝次郎古代を語る　5』（吉川弘文館、二〇〇九年）
西嶋定生　『古代東アジアと日本』・岩波現代文庫・（岩波書店、二〇〇〇年）
金　達寿　『古代日本史と朝鮮』・講談社学術文庫・（講談社、一九八五年）
井上秀雄　『古代朝鮮』・講談社学術文庫・（講談社、二〇〇四年）
NHK編　『日本と朝鮮半島2000年　上』（日本放送出版協会、二〇一〇年）
森　公章　『東アジアの動乱と倭国』（吉川弘文館、二〇〇六年）
田中俊明　『古代の日本と加耶』・日本史リブレット・（山川出版社、二〇〇九年）
上田正昭　「私の日本古代史　上・下」・新潮選書（新潮社、二〇一二年）

著者紹介

松島　吉春（まつしま　よしはる）
1949年　石川県に生まれる
1969年　成蹊大学文学部入学、後に学費未納で除籍
1980年　衆議院議員　山花貞夫秘書
1988年　多摩市議会議員
現在　　特定非営利活動法人理事

騎馬民族征服王朝は在った
—仁徳天皇は朝鮮半島から来入した—

発行日　2014年8月25日

著　者　松島　吉春ⓒ

発行人　片岡　幸三

印　刷　今井印刷株式会社

発行所　イマジン出版株式会社
〒112-0013　東京都文京区音羽1-5-8
TEL 03-5227-1825　FAX 03-5227-1826

ISBN　978-4-87299-675-3　C0021